フリーランス＆個人事業主

確定申告でお金を残す！

元国税調査官のウラ技

【第11版】

大村大次郎

技術評論社

●本書に記載されている情報は令和6年9月時点のものです。最新情報は、国税庁ホームページ(https://www.nta.go.jp/)や税務署などの関係機関にてご確認ください。

●本書は情報の提供のみを目的としています。本書の運用は、お客様ご自身の責任と判断によって行ってください。本書の運用によっていかなる損害が生じても、技術評論社および筆者は一切の責任を負いかねます。

●本書の内容を超えるものや、個別の税務相談、事業コンサルティングに類するご質問にはお答えすることができません。あらかじめご承知おきください。

はじめに

本書は、個人事業主やフリーランサーの方のための確定申告の入門書です。もっとも、普通の確定申告入門書とは違う部分があります。それは**「建前の情報」を抜きにして「本音の情報」を載せている**、ということです。

たとえば、確定申告入門書のほとんどで青色申告を勧めています。青色申告は、記帳をきちんとすることで若干の税金の割引をしてもらえる制度です。

しかし、本書では青色申告はそれほど推奨していません。なぜなら、青色申告は受けるための条件がけっこう厳しく、個人事業主やフリーランサーにとっては負担が大きいからです。

個人事業主やフリーランサーは、税理士に依頼する余裕がなかったり、経理に割ける時間がそれほどない人がほとんどでしょう。**「そういう人でも無理なく申告できる」「そういう人でも大きな節税ができる」ことを目指して本書は作られています。**言い換えると、**確定申告で本当に必要な情報、もっとも効率的で役に立つ節税の情報を吟味して掲載しています。**

確定申告に関しては、なかなか「現実的な情報」が流れてきません。たとえば自宅で仕事をしている人が、自宅の家賃や光熱費をどのくらい経費に計上していいかというのは判断に迷うところですが、具体的な情報はあまり出ていません。**そういう「ビミョーだけれど大事な事柄」についても具体的な提示をしています。**

昨今では、確定申告を取り巻く状況も大きく変わってきています。国税庁は電子申告のe-Taxを推進しており、電子帳簿保存法の改正により、一部の取引の電子保存が義務化されました。また令和５年度からは消費税のインボイス制度がはじまり、個人事業主やフリーランサーの負担は大きくなりました。

本書の最大の目的は、みなさんの負担をなるべく軽減し、税金をできる限り減らせるようにすることです。

2024年９月　　　大村大次郎

税金や確定申告で困ったときは"あの人"に!

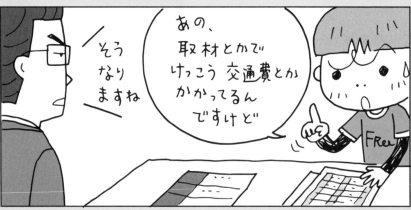

きらり
領収書は？
ありません・・・
それじゃあ
仕方が
ないですね
はあ
やっとフリーで
食べていけるように
なったと思ったら
こんなに税金
とられちゃって・・・
ずいっ
お困りのフリーランスの
あなた。
元国税調査官の私に
悩みを話して
みませんか？
ええっっ
!?
確定

この前 税務署で確定申告してきたんです。そしたら思ってたよりもずいぶん税金が高くて
節税はしていますか？
仕事のことで手いっぱいで…
税務署でもあんまり教えてくれないし
税務署は納税者から質問があれば答えますが、質問以外のことまでは教えてくれません
国税庁のホームページを見てもちんぷんかんぷんで…
国税庁
控除？
青？
白？
そうだよね…
税金の用語は難しそうに見えますからね。
でも基本的な税金の仕組みや節税方法は難しいものではありません
たとえば自宅でフリーランスの仕事をしているのなら、自宅の家賃や光熱費の一部を経費に入れることができます
経費

でも きちんと 領収書を とって おかないと いけないんでしょう？
どっさり
領収書は とっておくのが 基本ですが、なくても 経費で落とす方法が あります♪
本当に？
税務署の人はないとダメって
FRee
節税
税務署員は 税務署に 都合の いいこと しか 教えて くれません からね。
ふん
確定申告
でも実際は 一定の条件を 満たせば 節税は かなり広い範囲で 認められるん ですよ
もっと 聞かせて ください！
では 少し ばかり 税金や 確定申告の こと、一緒に 勉強して みましょうか
FRee

CONTENTS

Part 1 確定申告の心得

Part 2 経費をたくさん積み上げよう

CONTENTS

Part 3 所得控除を使い倒そう

Part 4 社会保険の基本と税金を安くするアイテム

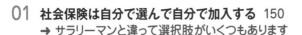

Part 5 誤解だらけの確定申告

CONTENTS

元国税調査官に聞いてみよう！

本書を手にとってくださったみなさんは、この本のどこにひかれたでしょうか？　「ちょうど今年からフリーランスになったから」「確定申告ってよくわからないから」「表紙の絵が目に飛び込んできたから」……。

そんな中、タイトルの**『元国税調査官』『確定申告のウラ技』というキーワードがアンテナに引っかかった**という人も、きっといるはずです。**元国税調査官が教えるウラ技っていったい？**　ここでは、みなさんが抱いているであろういくつかの「？」にお答えする形で、本書のイントロを進めていきたいと思います。

Q1 国税調査官ってどんな仕事をする人ですか？

税金の申告を受けつけて、
それをチェック。
課税額を確定させる仕事をしています

税務署に届けられた確定申告書を整理分類、データ入力した上で申告書におかしなところがないかどうか、納税額が適正かどうか、各種の資料と照らし合わせてチェックをします。**必要に応じて納税者のところに出向いて実地の調査を行います。**飲食店など現金商売を営んでいる人には抜き打ちで調査に入ることもあります。いかめしい名前ですが、**「国税調査官」は税務署員の肩書きの１つです。**

Q2 なぜ元税務署の人が“ウラ技”を書くんですか？

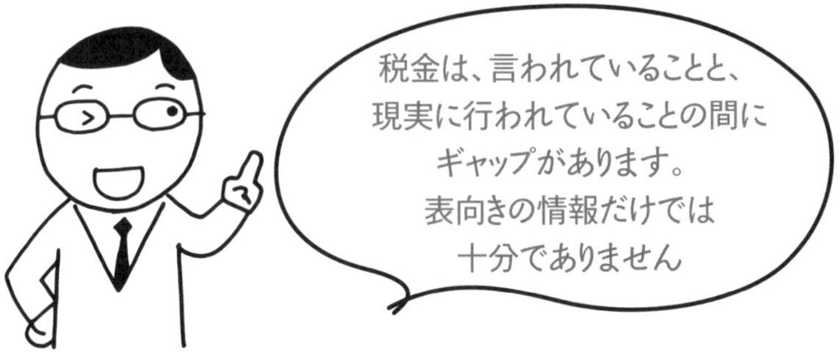

税金は、言われていることと、
現実に行われていることの間に
ギャップがあります。
表向きの情報だけでは
十分でありません

税金には、**是なのか非なのか、白黒がはっきりつけられないグレーゾーン**がいくつもあります。**当たりさわりなく、通り一遍のことを書くだけでは実用的ではありません。**前職で見聞きしたことを生かして、実地で役に立つ、納税者視点にこだわったことを書いていくのが筆者のライフワークになっています。

Q3 確定申告のことなら税務署が親切に教えてくれるのでは？

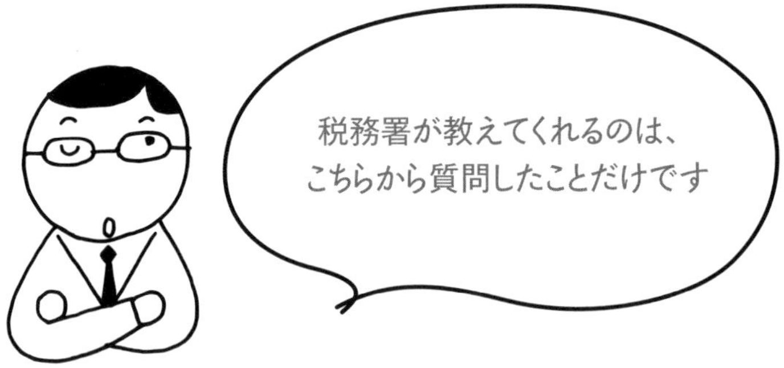

税務署は、納税者が質問したことにはすべて答えてくれます。妥当な答えを教えてくれますが、反面、納税者の個別の事情を聞き出して、「それなら、あなたはこういうふうに申告したほうがいいですよ」と、**節税になる申告のやり方を教えてくれることはありません。**

Q4 節税を頑張ったりすると税務署に目をつけられませんか？

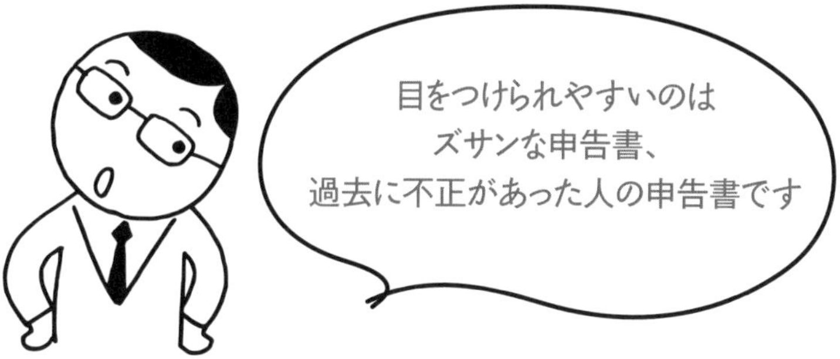

目をつけられやすいのは
ズサンな申告書、
過去に不正があった人の申告書です

資料などがズサンで正確性がアヤしい申告書のほか、過去に不正をしていたり指導を受けている人に対しても、税務署は目をつけて細かくチェックする傾向があります。「これは合法」と結論が出ている節税法をすごく頑張っている人がいたとしたら、**「この人はよく勉強している」と税務署は一目置いて、むしろ敬遠しがちになります。**

Q5 確定申告をしなかったらどうなるんですか？

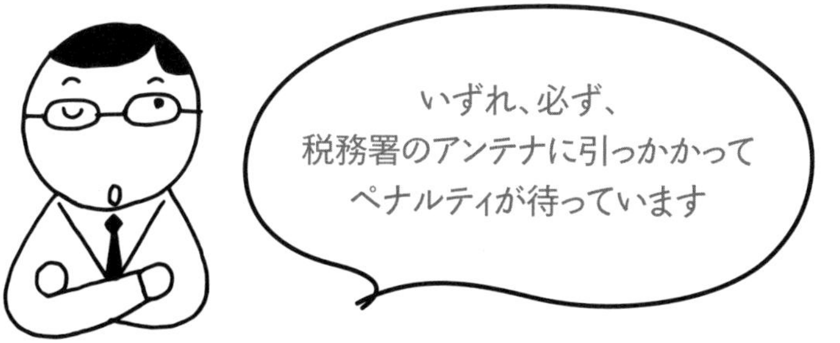

いずれ、必ず、
税務署のアンテナに引っかかって
ペナルティが待っています

税務署は、事業などの収入があるのに申告していない無申告の人の情報を収集しています。細々と事業をしているうちは見つからないこともありますが、**事業が拡大したり、年数を重ねていけば、いずれ税務署のアンテナに引っかかることになります。**また、銀行からお金を借りるときには、決算書の開示や納税証明が求められます。そのとき、**無申告では通用しません。**

Q6 確定申告は私ひとりでもできますか？

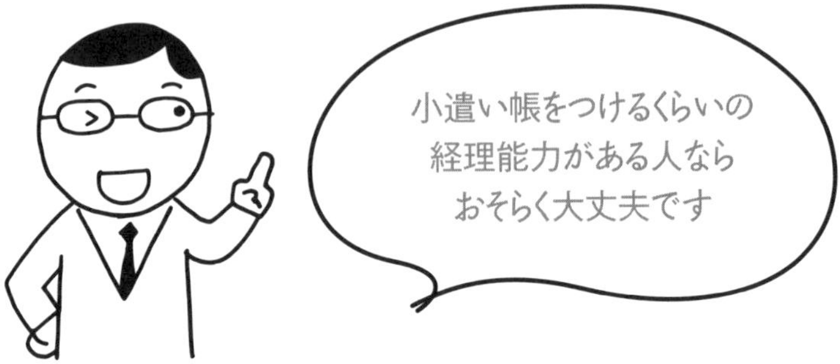

小遣い帳をつけるくらいの
経理能力がある人なら
おそらく大丈夫です

フリーランサーや、家族だけで営んでいる個人事業主なら、確定申告はおひとりでも十分にできます。ただし、事業が大きくなって家族以外の人を従業員に雇ったりするようになると、さまざまな計算や必要書類が出てきます。これをさばくには、かなりの労力と能力が必要になりますが、頑張って勉強すれば自分でできないこともありません。

Q7 税金のことをほとんど知らなくても節税できますか？

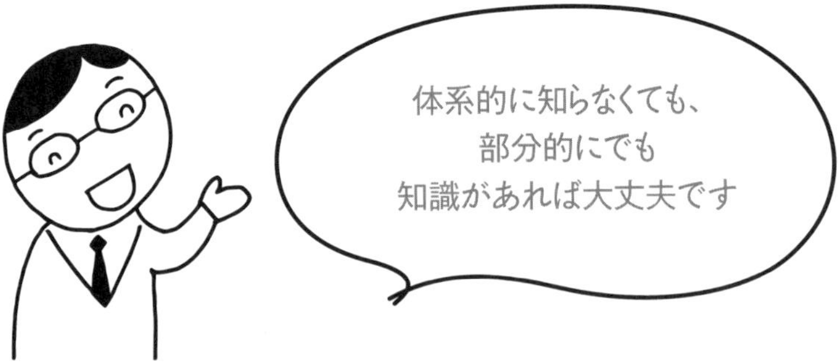

たとえば家賃、光熱費などの生活費を事業の経費で落とせることを知っていれば、それだけで税金は安くなります。また、共済を使って一時的に所得を減らして節税する方法もあります。本書のすべてを理解できなくても、**部分的でも理解できればその知識を生かすことは十分できます。**

Q8 「節税の延長が脱税」というのは本当ですか？

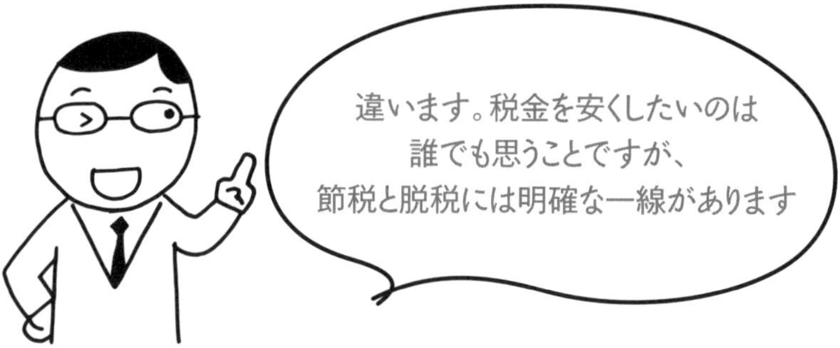

違います。税金を安くしたいのは
誰でも思うことですが、
節税と脱税には明確な一線があります

脱税というのは「不正な方法で税を逃れること」であり、節税というのは「法で認められた方法で税金を安くすること」です。**節税にはそれなりの知識が必要です。脱税には大きなリスクしかありません。**きちんとした節税をしていれば税務署は丁寧で紳士的な対応をしますが、一度でも脱税をすると税務署は厳しく出るようになります。

Q9 私たち個人事業主のところにも税務署が調査に来ることはありますか？

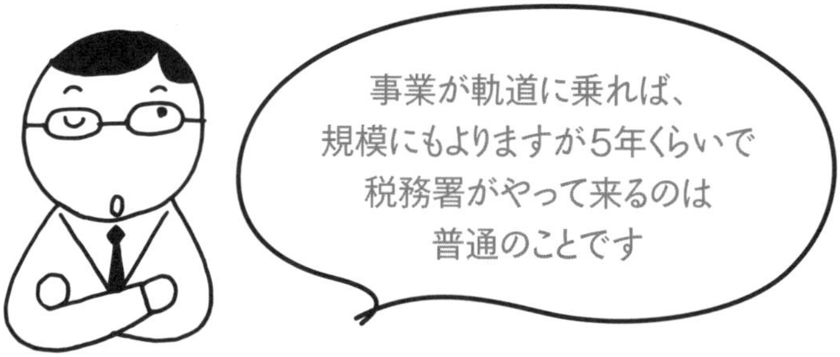

事業が軌道に乗れば、
規模にもよりますが5年くらいで
税務署がやって来るのは
普通のことです

税務調査は、収入がガラス張りと言われるサラリーマンのところにも来ることがあります。もちろん、個人事業主も対象になります。どれくらいの売上規模だと調査されやすいのか（されにくいのか）、はっきりした基準はありませんが、たとえば**事業者が無数にいる都心部なら、売上1,000万円に満たないところには税務署はあまり足を向けません。**

Q10 帳簿は電子帳簿にしなくてはダメと聞いたのですが？

デジタルでないと
いけなくなったのは
取引記録のごく一部です

令和５年の電子帳簿保存法改正により、一部の取引で電子帳簿の保存が義務づけられました。電子請求書や電子領収書などのデジタルデータを取引先からもらった場合には、紙ではなく電子保存しなければならない、というものです。しかし**それ以外の取引では電子保存の義務はなく、いままで通りの記帳方法で大丈夫です**。

Q11 この本だけで確定申告はバッチリですか？

あなたの経験によって
1冊でいくか2冊でいくか
使い分けてください

はじめて確定申告する人は、申告書の記入方法を１つひとつ教えてくれる大判のカラー書籍（マニュアル本）があると心強いはずです。何度か経験のある人なら本書１冊でも大丈夫だと思います。**見落としていたおトクな特典をしっかり活用できるようになるなど、本書は申告書の中身を“濃く”します**。

Part 1

確定申告の心得

個人事業主、フリーランサーにとって
避けて通れない確定申告。
でも確定申告は、とてもわかりにくいもの。
確定申告や還付申告って、何なのか?
白色申告や青色申告って、どうやればいいのか?
経費や領収書の扱いは?
現場で役に立つ確定申告の心得!

01 確定申告とは、そもそも何？

- 確定申告することで所得税と住民税が決まります。
- **所得税は「課税される所得」が増えるごとに税率が上がっていく累進課税制度です。**

確定申告とは「所得税」の申告のこと

個人事業主、フリーランサーが働いて得た所得に対して課される国税を「所得税」と言います。

確定申告というのは、簡単に言えば、「所得税を納めるための申告」です。

個人事業主は、所得に対して、主に「**所得税**」と「**住民税**」という税金が課されます（規模が大きい場合は「**事業税**」も課されます）。

個人事業主の場合、所得税は自分で申告します。つまり「確定申告」しなければなりません。また、所得税と住民税は連動しているので、確定申告することで、自動的に住民税も確定します。

一方、サラリーマンは、会社が給与所得から所得税を源泉徴収し、年末

個人事業主とサラリーマンの納税方法の違い

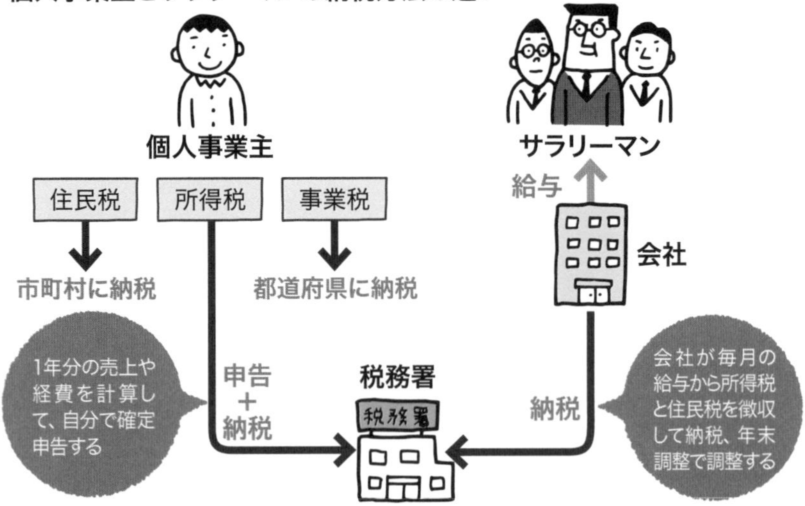

に１年分の税金をまとめて「年末調整」するので、大半の人は個人で確定申告する必要はありません。

「所得税」は、どう決まるのか？

個人事業主やフリーランサーの場合、所得税というのは、その年に儲かったお金（事業所得）に対してかかってきます。住民税も、基本的には同じです。

確定申告では、まず、その年に儲かったお金（事業所得）を計算します。どれだけ儲かったか、という数字は、基本的には**売上から必要経費を差し引いて算出します。**ここで算出したものが**「事業所得」**になります。

儲かったお金（事業所得）から、配偶者控除、扶養控除などの**「所得控除」**を差し引きます（所得控除はPart 3で詳しく説明します）。

そして、**所得控除を差し引いた残額に税率を掛けると所得税が決まります。**

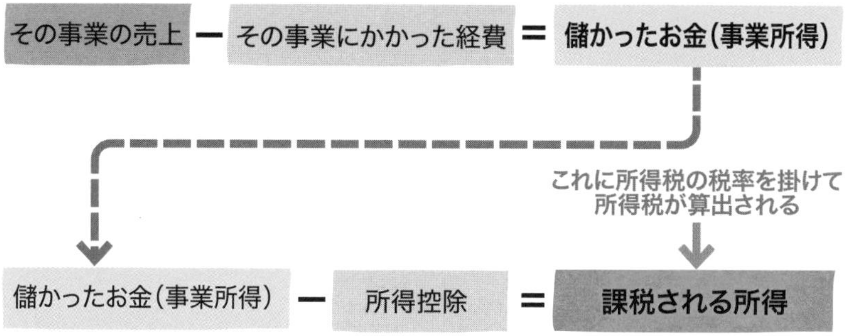

所得税の税率

課税される所得金額		税率	控除額
1,000円 から	1,949,000円 まで	5%	0円
1,950,000円 から	3,299,000円 まで	10%	97,500円
3,300,000円 から	6,949,000円 まで	20%	427,500円
6,950,000円 から	8,999,000円 まで	23%	636,000円
9,000,000円 から	17,999,000円 まで	33%	1,536,000円
18,000,000円 から	39,999,000円 まで	40%	2,796,000円
40,000,000円 以上		45%	4,796,000円

たとえば、売上が1,000万円、経費が500万円、所得控除の合計が200万円の人を例にとって説明しましょう。

売上1,000万円 － 経費500万円 ＝ 事業所得500万円

事業所得500万円 － 所得控除200万円 ＝ 課税される所得300万円

この「課税される所得300万円」に税率を掛けたものが所得税になります。

21ページの「所得税の税率」表を見てください。

課税される所得300万円ということは、「1,950,000円から3,299,000円まで」の行の数値が適用されます。

税率が「10%」になっていますので、

300万円 × 10% ＝ 30万円

となります。

この30万円から、表の「控除額」を差し引きます。控除額は9万7500円なので、

30万円 － 9万7500円 ＝ 20万2500円

となります。

この20万2500円が、所得税の額になるのです。

青色でも白色でも、基本の手順は同じ

会社では儲かったお金（所得）を算出する作業は、たいてい決算書を作って行います。

個人事業主が確定申告する場合は、「**青色申告**」か「**白色申告**」をしなければなりません。青色申告をする人は「**青色申告決算書**」➜243ページを、白色申告をする人は「**収支内訳書**」➜247ページを作ります。

青色申告の人は青色申告決算書に、白色申告の人は収支内訳書に、まず売上収入を記載して、次に通信費、消耗品費などの必要経費を記載していきます。そして、この青色申告決算書（収支内訳書）の数値を元に、最終的に利益（所得）を算出します。

青色申告決算書（収支内訳書）は、確定申告書と一緒に税務署に提出します。

そして**算出された利益（所得）から、所得控除などを差し引いて、「課税される所得」を算出します。この「課税される所得」に税率を掛けたものが、あなたの所得税**ということになります。

申告書の作り方の流れは、おおまかに言うと次のようになります。

青色申告決算書（もしくは収支内訳書）の作成

↓

青色申告決算書（収支内訳書）を元に、その年の利益（所得）を算出

↓

申告書の作成

「課税される所得」が大きくなると、それに伴って税金の額が膨らんでいきます。つまり、税金を安くするためには、青色申告の人も白色申告の人も、算出される利益（所得）を、なるべく低く抑えなければなりません。

つぶやき

所得を低く抑えるためには、経費を積み上げることがポイントになります。経費を積み上げるには、日ごろから領収書を保管しておくなどの工夫が必要です。経費の積み上げ方は、これから詳しく説明します。

02 売上はきっちり把握しておこう

- 売上－経費＝儲かったお金（事業所得）
- **売上の集計はしっかりと。適当にやるとあとで面倒なことになります。**

売上の把握はもっとも大事

その年の売上は、きっちりと把握しましょう。

個人事業主、フリーランサーは、売上（収入）について誰かが管理してくれるようなことはないので、ここはしっかりと把握しておかなければいけません。

とはいえ、１年間にどのくらいの売上があったのか正確にはわからない、という人もいるかもしれませんので、自分の売上をあらためてチェックしてみてください。

売上は、確定申告をする上で最低限の必要情報です。これがわからないとなると、申告を行うことは難しいです。

申告の際、売上は正確に計上されていないといけません。１年間の売上数字が明確になっていて、あとから分析できるようにまとめられていることは、事業を続けていく上でも大切なことです。

したがって、まずは売上をきっちりと把握しましょう。

もちろん、正確に把握しておかなければいけないのは売上だけではありませんが、優先順位から言えば、**売上は絶対に最上位です**。

何よりもまず、売上は、きちんと計上しなければなりません。なぜなら、**税務署は売上に関しては広く情報を収集している**からです。ひょっとしたら、あなたの取引先からも資料の提供を受けていて、あなたへの支払いの情報をつかんでいるかもしれません。

もし、あなたが売上をごまかそうなどとしようものなら、税務署は非常に厳しい対応に出ます。

たとえば、税務署が１件でも売上に計上していない収入を見つけた場合、「他にもあるはずだ」とにらんで、それこそ血眼になってあなたの事業を調査します。

そんなことに巻き込まれてしまったら非常に面倒です。よって、くれぐれも売上は確実に把握し、正確に計上するべきなのです。

売上帳は銀行の履歴を活用しよう

個人事業主、フリーランサーが、まずしなければならないのは、**売上帳を作ること**です。

売上帳というのは、年間の売上がいくらになっているか集計する帳簿です。

事業を行う人は一様に、この売上帳を作ります。白色申告の人でも、売上帳は必ず作らなければいけません。

売上帳の例

売上帳

令和6年		摘要	内訳	金額
月	日			
10	4	KATOKAWA	原稿料	20,000円
10	7	高田島社	原稿料	15,000円
10	10	巷談社	電子版制作料	36,000円
10	15	週刊パスタ	取材謝礼	10,000円
10	18	生学館	印税	150,000円
10	23	週刊幻代	原稿料	22,000円
10	31	週刊タイヤ	原稿料	18,000円
				合計　271,000円

売上帳は、申告するときにどのみち必要です。税金の申告というのは、まずその事業の利益（**売上－経費**）を計算しなければならないので、売上の集計は不可欠です。

何より、自分の事業がどのくらいの売上になっているのか知らなくてもOKという人は、まずいませんよね。

売上金の入金が銀行振込になっている人は、売上振込用の口座を１つにまとめると便利です。口座の入出金明細の履歴が、そのまま売上帳として使えますから。

フリーランスの人は、ほとんどの仕事の報酬が振込になっていると思うので、売上管理用の口座を別に作っておいたほうがいいでしょう。

銀行口座は、売上帳代わりになるだけでなく、経費の帳簿代わりにもなります。水道光熱費などを銀行引き落としにすれば、わざわざ領収書を集めなくても、口座の履歴が帳簿代わりになってくれます。

気をつけたいのは、取引先からの支払いが普段は銀行振込なのに、たまに現金や小切手で支払われる場合です。

このときの売上を、しっかり売上帳に計上しておかないと、あとあとやっかいなことになります。

売上をごまかすと税務署は本当にうるさいです。そして税務署は売上に関して相当に緻密な情報網を持っています。売上をごまかそうなどとは決して考えないことです。

現金商売の人は毎日の売上帳をつけよう

個人商店を営んでいる個人事業主の人なら、売上金のほとんどが振込ではなく現金ということも多いですよね。

こういう場合は、日々の売上金を毎日預金しておくといいです。そうすれば、その口座の履歴がそのまま売上帳になります。

銀行に足を運ぶのが面倒なら、現金を集計して、毎日売上帳をつけておきましょう。これは別に、「正しい帳簿」でなくても大丈夫です。ノートとかメモ帳に書き入れたものでも構いません。

ただし、「何月何日に何円」ということが明確にわかるようにしておか

なければいけません。

現金商売の人は、ちょっと手間ですが、それをやっておかないと税務署がやって来たときに困ったことになります。

税務署は抜き打ち調査にやって来ることもある

不特定多数のお客さんを相手にして、領収書の発行もほとんどやらない現金商売の場合、売上金をごまかせば簡単に脱税が成立してしまいます。**ですから税務署は、現金商売者の売上には特に注意を払っています。**

税務署の調査は、普通はあらかじめ納税者に通知してから行われますが、現金商売者に対しては抜き打ちで調査にやって来ます。これは、裁判所も認めている税務署の調査権限です（税務調査はPart 5で詳しく説明します）。

それくらい税務署は現金商売の人を警戒し、また疑いの目を向けている、ということです。

何度も言いますが、現金商売の人は、特に売上に関する記録は、きちんと残しておいたほうが賢明です。

また、レジペーパーや納品書などの記録も、できる限り残しておいたほうがいいでしょう。そういう記録がしっかり残っていれば、税務署も疑いの目を向けにくくなります。

一度、売上の管理がしっかりしていることがわかれば税務署は警戒を緩めます。そうなれば税務調査に入られる回数も減ります。

つぶやき **税務署は現金商売者を厳しく見ています。現金商売者が領収書や伝票などを破棄するのは絶対にダメです。税務署は一度疑いを持つとゴミ箱の中だってあらためます。領収書の書き損じは破棄せず、大きくバツ印をつけて残しておくこと。**

03 領収書の超・基本

- 領収書は重要な証票類ですが、書き方にルールはありません。
- **書き損じたときは捨てずに、大きくバツ印をつけて残しておこう。**

書き方に決まったルールはない

領収書に書き込む宛名は、特に決まりがあるわけではないので、**領収書のもらい手が指定した名義を書き入れて構いません**。「上」でもいいですし、個人名でもいいのです。会社名をきちんと書かなければならない、というようなルールはありません。**「但し書き」や「内容」についても、特に規定はありません**。常識の範囲内で記載しておけば十分です。ただし、消費税の仕入税額控除をする場合には決められた項目が記されていなければいけません。詳しくはPart 6で説明します。

領収書の例

日付、宛名、受領金額、但し書き、発行者名と住所は必須。
領収書
発行日：2023/11/12
No.913
江戸川橋　一郎　様
領収金額
¥60,500-
但し、品代として
上記金額正に受領致しました
小計　¥55,000
消費税（10%）　¥5,500
収入印紙
日本政府
200円
印
〒162-0066
東京都新宿区市谷789-123
セレクトショップ○○
金額の書き方は以下のいずれか。
¥○○,○○○－
¥○○,○○○※
金○○,○○○也
税抜で金額が5万円以上の場合は収入印紙が必要。収入印紙には割印を押す。

領収書の書き損じに注意！

領収書で注意してもらいたいのは、書き損じです。**書き損じてしまったときは、書き損じの領収書を捨てたりせずに、それを必ず残しておきまし**

ょう。そして、大きなバツ印をつけて「書き損じである」ことを一目瞭然にしておきましょう。**「領収書を捨てる」ことは、昔から脱税の常とう手段です**。売上のうちいくらかを抜いて、その金額の裏づけである領収書を廃棄する手法は、もっともありふれた脱税手法と言えます。

そのため、税務署はときにはゴミ箱の中をあさってまで領収書が捨てられていないかを調べます。もし、書き損じの領収書をうっかり捨ててしまって、それが税務署の手に渡れば、あらぬ疑いをかけられかねない、というわけです。脱税などまったく無縁の人にとって、そんなことでかかる時間は不毛と言うほかありませんよね？

税務署は印紙も見ている

領収書の金額が５万円未満は非課税となりますが、**５万円以上は課税文書にあたる書類となって、領収書に収入印紙を貼らなくてはいけなくなります**。領収書に貼る印紙の金額は次の通りです。

領収書の金額ごとの印紙税の額

領収書の記載金額		税額
	5万円未満のもの	非課税
5万円以上	100万円以下のもの	200円
100万円を超え	200万円以下のもの	400円
200万円を超え	300万円以下のもの	600円
300万円を超え	500万円以下のもの	1,000円
500万円を超え	1,000万円以下のもの	2,000円

※消費税額が明らかな場合は消費税を含めず、明らかでない場合は消費税を含めます。

つぶやき

収入印紙は、紙の領収書には貼る必要がありますが、電子領収書には貼る必要がありません。電子領収書というのは、メールなどで送受信する領収書のこと。印鑑などがなくても、送受信の記録が残るので、取引の記録として問題ありません。

電子領収書なら印紙はなくていい

ガミ ガミ
領収書
様
¥60,000-
お客さんから領収書に印紙が貼ってないってクレームがきたんです
FRee
印紙ってどういうときに貼らないといけないんですか？
収入印紙
200円
400円
印紙税は、一定額以上の領収書や契約書などにかかってくる税金です。文書に印紙を貼ることで納税したことになります
税金
金額はこの通り。領収書以外にも法律で決められた文書には印紙を貼らなくてはいけません
領収書の記載金額 税額
5万円
100万
200万
300万
500万
29ページの表を見てね

そんなの知らなかったな。入金はほとんど振込だし、お客さんから領収書を請求されることもなかったから。でもいつも領収書を発行してたらけっこう大きいですね
印紙税、安くならないの？
領収書
領収書
領収
簡単です。あなたのようなフリーランサーならメールとかチャットで仕事のやりとりをすることが多いでしょう？
なら電子領収書にしてメールでやりとりすれば印紙を貼らなくていいので税金がかかりませんよ
電子領収書？そんなのどうやって作ればいいんですか？
定型などはありません。領収書を自分でパソコンで作ってメールで送ればOKです
PC作業は得意なのよ～
そうなんだ

04 領収書はもらわなくてもいい!?

- 領収書がない＝経費計上が認められない、ではありません。
- **必ずしも領収書でなくてもOK。もっとも大切なのは本当に支払いをした「事実」です。**

神経質にならなくてOK

前項では、領収書を発行するときのことを述べましたが、ここでは領収書をもらうときの注意点を説明します。

領収書は、「経費の重要な記録」です。

ですが、**領収書には決まった形式などはありません。**

支払った内容、支払った金額、支払った日時、支払った相手先がきちんと明示されていれば十分なのです。

経費に計上するには、自分の宛名が書かれて、先方の印鑑が押してある正規の領収書でないと認められないと思っている人もいるようですが、そんなことはありません。

もちろん、正確な宛名になっているほうがいいに違いありませんが、少し乱暴な言い方をすれば、宛名が「上」であったとしても、名前が間違っていたとしても、それでダメということにはならないのです。

レシートでも十分通用する

「経費計上＝領収書」でもありません。

領収書は、経費の支払いを証明する証票類の１つです。**経費の支払いを証明できることが大事で、それができるのは領収書だけではありません。**

買い物をしているときやサービスを受けているとき、お店が混雑していたり支払額が少なかったりして、領収書を書いてもらうタイミングが見つからないこともありますよね。そういうときはレシートだけ受け取っておけば十分なのです。

領収書をもらい忘れてもあきらめなくていい

領収書というのは、思わずもらい忘れたり、気をつけていても紛失してしまうことがあるものです。

「ちゃんともらっておけばけっこう大きな金額だったのになぁ」

「あの領収書をなくしてしまったのは痛いなぁ」

などと、後悔したことがある人もいることでしょう。

もらい忘れや紛失をしても、即あきらめる必要はありません。領収書というのは、必ずとっておかなければならないものではないからです。

領収書の保管 ➔ 59ページ

税金の申告は、事実に基づいて行わなければなりません。そして、事実を証明するものの１つとして領収書があります。

領収書があるに越したことはありませんが、ないからといって経費計上をあきらめる必要はまったくありません。

「領収書がないのなら、何を基準にして経費を計上すればいいんだ？」

と思ったかもしれません。

領収書がない場合は、「事実」を基準にして経費を計上すればいいのです。

つまり、実際に支払いがあって、その支払いが経費として認められるものならば計上して構わないのです。何年何月何日にどういう内容で、いくらの支払いがあったということを自ら示せばいいのです。

ただし、当たり前ですが、わざと領収書を紛失したりするのはよくありません。これはあくまで領収書がないときの便宜的な対処であり、正規の方法は証票類を残すことです。

一方で、個人事業主、フリーランサーの中には、なんでもかんでも領収書をとっておいて経費に入れようとする人もいますが、これは税務署に見つかれば否認されます。

領収書があれば、なんでも経費にできるわけではありません。税務署員はその手の嗅覚が発達していますから、無茶なことはしないほうが身のためです。

"使えない"領収書はすぐ捨てよう

そういうの
とっさに判断
できないんですよ
サイフ
サイフ…
あたふた
和食
最初は難しいかも
しれませんが慣れて
しまえば簡単です
ポイントを
つかめば
必要な分だけ
残せます
ポイントって？
？
うん
経費になる領収書や
レシートだけをその場で
分ける方法を
次のページで
紹介しますね！
もったいぶるね。
次のページか…

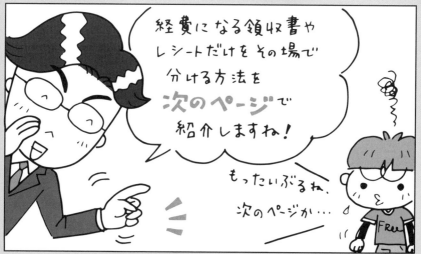

飲食店の領収書

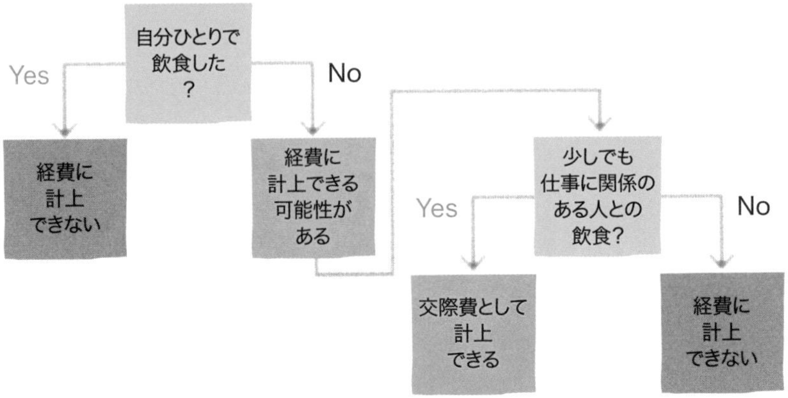

食料品の領収書、レシート

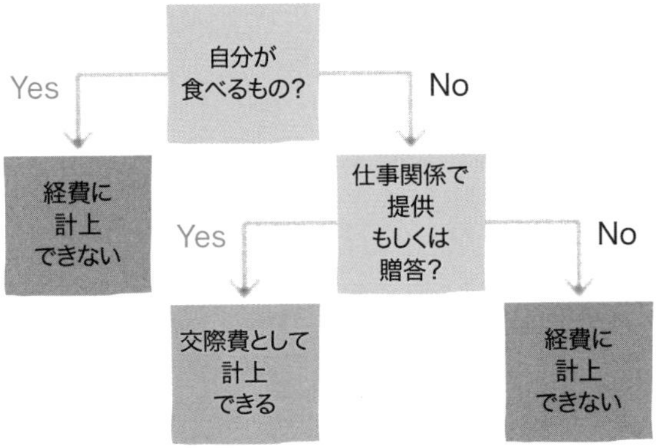

ドラッグストアやスーパーの家庭用品のレシート

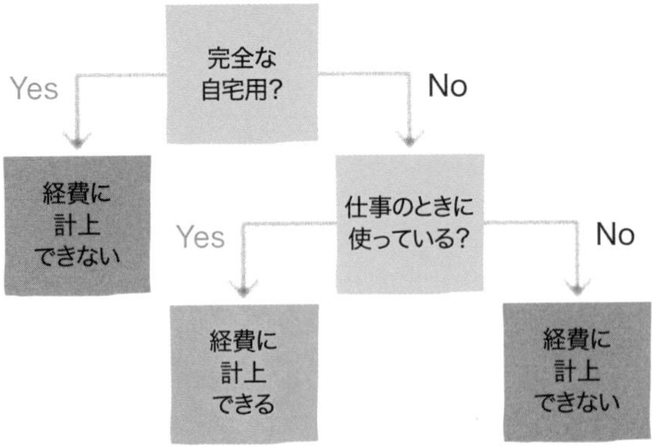

電気製品や家具などの領収書、レシート

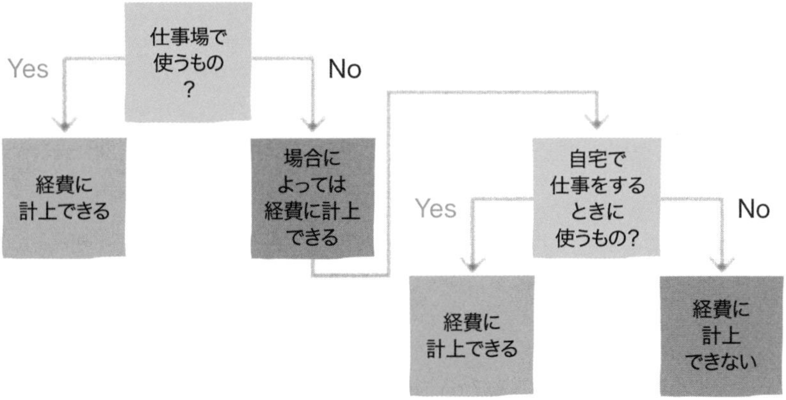

車の維持費やガソリン代などの領収書、レシート

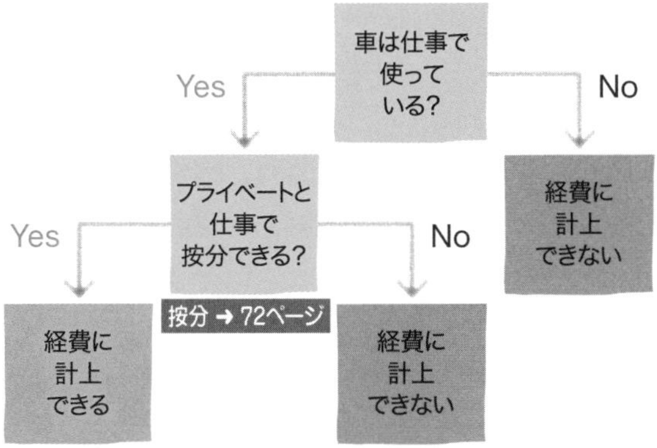

つぶやき もらったその場で経費に計上できる領収書、レシートと、そうでないものに分け、計上できるものだけを残すのがオススメです。

05 売上を抜いたらどうなるか？

- [ ] **売上を抜いて税金を減らすことは絶対やってはいけません。**
- [ ] 売上を抜くことはれっきとした不正で、税務署は不正には容赦しません。

売上は絶対に抜いてはダメ！

税務署というのは、日々いろいろな情報を収集しています。たとえば、筆者のようなフリーライターは、報酬である印税を出版社からもらうときに支払調書 ➜ 42ページ が発行されますが、この写しが出版社から税務署に提出されています。また、税務署は税務調査のためにいろんなところに足を運びますが、その際、無作為に大量の領収書をコピーしています。さらに、税務署はときどき銀行へも調査に出向きます。そこで、いろんな人の口座を勝手にのぞき込んでいます。誰の口座に、どれだけの振込がある、ということを資料にまとめるためです。よって、**あなたが商売の中で領収書を発行したり、銀行振込を受けたりしているならば、売上の内容が税務署に把握されている可能性があります。**

もし売上が、税務署が把握している情報と比較して少ないことが発覚した場合、税務署はあなたのところに税務調査にやって来ます。そして数日間、税務署にいろんなことを根掘り葉掘り聞かれ、帳簿を調べられ、しっかり追徴税をとられます。

通常、税務調査は、ある程度大きな事業者にしか行われません。売上が1,000万円未満の個人事業主には、税務署がわざわざ調査にやって来ることはほとんどないでしょう（これは地域差があるので、事業者が少ない地域などではこの限りではありません）。

しかし、**売上に関して不審な情報があった場合には、零細事業者であっても税務調査が行われます。**ですから、売上を抜いてしまうと、本当は受けなくてもいい税務調査を受けるはめになりかねないのです。

税務署はなぜ売上除外に厳しいのか？

税務署が売上除外にうるさい理由は、売上除外が「不正」にあたるからです。**税務申告での課税漏れには、「不正」と「不正でないもの」の２種類があります**。不正というのは、売上の除外や架空の経費を計上するなどの「不正工作」があった場合のことを言います。「不正でないもの」というのは、うっかりミスや税法の解釈誤りなどです。

両者は同じ課税漏れでも、税務署の取り扱いがまったく違います。不正だった場合は、追加納付する本税の35～40%を重加算税として、本税に加えて納めなければなりません。たとえば、不正が発覚して50万円を追加納付することになった場合なら、50万円を本税として納めて、さらに50万円×35～40%の額が重加算税として課されるということです。そして、不正で逃れた額が多額（おおむね１億円以上）に及ぶ場合は、脱税として起訴されることもあります。一方で不正でない場合は、追加納付する本税の10～15%の加算税を本税に加えて納付します。

加算税の種類

過少申告加算税	無申告加算税	重加算税
追加本税×10～15%	本税×15～20%	追加本税×35～40%
納税額が本来の税額よりも過少で、追加の税金が発生した	定められた期限内に確定申告をしなかった	申告内容に不正が認められた

税務署の調査官は、この「不正」を見つけることを使命としています。したがって、**不正に関しては少額であっても徹底的に追及する**姿勢を見せるのです。**税金を少なくしたいのであれば、正々堂々と経費を積み増すべきで、くれぐれも不正工作をして税金を減らそうなどとは考えないことです。**

つぶやき

あなたが完全なる現金商売でない限り、税務署はあなたの売上情報を入手している可能性があります。

06 源泉徴収と税金還付の仕組みを知っておこう

- □ 個人事業主やフリーランサーは報酬が源泉徴収されることがあります。
- □ **とられすぎのこともあるので確定申告して取り戻そう。**

源泉徴収は税金の前払い

源泉徴収は、報酬を支払うときに支払う側があらかじめ税金を天引きし、税務署に納付する制度です。

サラリーマンの給料でも源泉徴収が行われていますね。税金の払い漏れが生じないように、支払者にあらかじめ税金を天引きさせて納付させようというものです。

源泉徴収は「税金の前払い」ですので、確定申告で精算されます。確定申告書には、源泉徴収税額を記載する欄があり、すでに源泉徴収されている金額は納めるべき税金から差し引くことになります。

また**源泉徴収された金額が、納めるべき税金よりも多くなった場合、それは税金の過払いということで、過払いした分は還付されることになります。**

確定申告書　第一表

差引所得税額（㉛－㉜－㉝－㉞－㉟－㊱－㊲－㊳－㊴－㊵）	㊶	
災害減免額	㊷	
再差引所得税額（基準所得税額）（㊶－㊷）	㊸	
復興特別所得税額（㊸×2.1％）	㊹	
所得税及び復興特別所得税の額（㊸＋㊹）	㊺	
外国税額控除等　区分	㊻～㊼	
源泉徴収税額	㊽	
申告納税額（㊺－㊻－㊼－㊽）	㊾	
予定納税額（第１期分・第２期分）	㊿	

「源泉徴収税額」はすでに前払いしている分。二重払いにならないように「源泉徴収税額」を差し引いて「申告納税額」を求める。

「源泉徴収税額＞納める税金」の場合は過払いなので、過払いした分は税金の払い戻し＝還付になります。

納めすぎた税金の還付を受けるために行う確定申告を「**還付申告**」と言います。通常の確定申告は２月16日から税務署で受付がはじまり、３月15日が期限です。還付申告の場合は、１月１日から受付がはじまります。税務署の閉庁期間でも、e-Tax ➜ 204ページ のほか郵送での申告や税務署備えつけの時間外ポストへの投函を受けつけています。１月１日から５年間は、いつでも還付申告ができます。

源泉徴収されているか必ずチェック

源泉徴収の対象となる報酬は次の通りです。

源泉徴収される報酬（国税庁ホームページより）

①　**原稿料や講演料など**
ただし、懸賞応募作品などの入選者に支払う賞金などについては、1人に対して1回に支払う金額が5万円以下であれば、源泉徴収をしなくてもよいことになっています。

②　**弁護士、公認会計士、司法書士などの特定の資格を持つ人などに支払う報酬・料金**

③　**社会保険診療報酬支払基金が支払う診療報酬**

④　**プロ野球選手、プロサッカー選手、プロテニス選手、モデルや外交員などに支払う報酬・料金**

⑤　**映画、演劇その他芸能（音楽、舞踊、漫才など）、テレビ放送の出演などの報酬・料金や、芸能プロダクションを営む個人に支払う報酬・料金**

⑥　**ホテル、旅館などで行われる宴会などにおいて、客に対して接待などを行うことを業務とするバンケットホステス、コンパニオンや、バー、キャバレーなどに勤めるホステスなどに支払う報酬・料金**

⑦　**プロ野球選手の契約金など、役務の提供を約することにより一時に支払う契約金**

⑧　**広告宣伝のための賞金や馬主に支払う競馬の賞金**

これを見ると、それほど範囲は広くないようにも思えますが、じつはそれぞれの項目の範囲が非常に広く、**メディアやクリエイター系のフリーランサーの仕事の多くは源泉徴収の対象となっています。**

たとえば、デザイン料などは「原稿料や講演料など」の項目に含まれるため、Webデザインやイラスト作成などの報酬も源泉徴収されることになります。また芸能関連の演出費、企画費、脚色費、映像撮影費、映像編集費なども源泉徴収の対象になります。

注意してほしいのは、メディアやクリエイター系の仕事では、源泉徴収すべきかそうでないかの線引きが明確でないケースも多く、支払者側の判断に任されていることも多いということ。ですから、**フリーランスの人は自分の報酬が源泉徴収されているかどうかをチェックする必要があります。**

報酬が源泉徴収されているか確認する方法

自分の報酬が源泉徴収されているかどうかを確認するのは簡単です。支払明細書の中に「**源泉徴収税額**」という欄があり、ここに金額が記載されていれば源泉徴収されています。

そして源泉徴収されている場合は、支払者から「**支払調書**」が送られてくることがあります。この支払調書には源泉徴収税額が記載されているので、確定申告書を作成するとき、すでに源泉徴収されている額がいくらなのか確認するのに使えます。

支払調書の例

郵便番号	162-0846

支払を受ける者	住所	東京都新宿区市谷210-13	職業	ライター
	氏名	江戸川橋 一郎　様	ペンネーム	

区分	細目		支払金額	源泉徴収税額
	書籍名又は雑誌名及び題名	部数又は枚数		
印税	フリーランス仕事術	XXX	197,500	20,164
印税	フリーランス錬金術	XXX	103,710	10,588
印税	フリーランス錬金術（電子版）	XXX	149,420	15,255

摘要	上記支払金額のうち未払金額　円

支払者	住所	東京都中野区中野 4丁目 8-100
	名称	株式会社　サンプラザ出版

源泉徴収額は、支払いが100万円を超えるかどうかで大きく変わる

源泉徴収される金額は次の表の通りです。

源泉徴収される金額

1回の支払いが100万円以下	支払額×10.21%
1回の支払いが100万円超	10万2100円（100万円以下の源泉徴収額）＋100万円を超えた部分×20.42%

普通のフリーランサーの場合、１回の支払いが100万円を超えることはあまりないはずですので、おおむね報酬の１割程度が源泉徴収されることになります。筆者のようなライターは、書いた本の最初に刷る部数が多かったり、たくさん増刷がかかったようなときには、まれに100万円を超えることがあります。そういうときには注意が必要です。

どういうときに還付になる？

源泉徴収を受けている人は、確定申告することで税金の還付になる場合もあるのですが、どういうときに税金の還付が生じるかというと、ざっくり言えば、**自分の売上に対する所得税の税率が一定額を下回ったときです**。

そしてほとんどの場合、一定額というのはおおむね10%となります。

フリーランサーの場合、自分の売上に対する所得税の税率が10%を下回ることはけっこう多いので、還付になるケースが多いのです。

たとえば、売上が500万円で、経費が売上の60%かかったとすると、事業所得は500万円−300万円で200万円になります。この200万円から、さまざまな所得控除を差し引いた場合、最終的な課税所得金額が100万円を切ることもあるはずです。

課税される所得金額が100万円の場合、所得税の税率は５%ですから、所得税は５万円です。 所得税の税率 ➜ 21ページ つまり、この人の場合、自分の売上に対する所得税の割合は１%程度です。

しかし、500万円の報酬は、あらかじめ91万8900円（100万円×10.21%＋400万円×20.42%）も源泉徴収されているのです。そこで、確定申告を

すれば約87万円が還付されるというわけです。
扶養親族がどれくらいいるかなどの状況にもよりますが、年間売上がおおむね800万円くらいまでは、確定申告することで税金が還付になることのほうが多いと考えてもらってよいでしょう。

契約タイプのフリーランサーは要注意

源泉徴収は、41ページに示した業種だけでなく契約社員タイプのフリーランサーなどにも行われている場合があります。
出版や映像のプロダクションなどでは、実際には社員と同じような仕事をしているけれど「契約社員」という形をとっているケースがけっこうあります。１年ごとの契約などになっており、場合によっては社会保険にも入っておらず、賃金も給料として払うのではなく、フリーランスの報酬として払う形態になっていることもあります。
本来は「会社の上司の指示に従って行う、社員と同様の仕事」をするなら、その会社の社員として契約しなければならず、労働契約上は問題があるのですが、メディア業界などではこういう契約は決して珍しくありません。雑誌記者などでも、上司の命令によって逐一動くなど実質的には社員と同じような仕事をしているにもかかわらず、契約上はフリーランスとなっているケースが多いようです。
雇用されている側としては、雇用状態も改善したいところですが、まずは切実な税金問題について解決しましょう。
こういう雇用形態になっている人は、自分で確定申告しなければなりません。そして**自分で確定申告すれば、ほとんどの場合、税金が還付になります**。
契約社員の場合、毎月の源泉徴収が過大になっていることがほとんどです。普通のサラリーマンも、だいたい毎月の源泉徴収はとりすぎの状態になっているのですが、会社が年末調整を行うことによってとりすぎた税金が還付されます。
契約社員の場合は、サラリーマンのような年末調整の機会がないので、自分で確定申告して還付してもらわなければなりません。こういう雇用形源泉徴収されているフリーランサーは税金還付になることが多いので、しっかり確定申告しよう。

態で働いている人は、ほとんどの場合が還付申告になるので、面倒くさがらずに必ず確定申告をしましょう。

「社員の給料としてではなくフリーランスの報酬」になっているかどうかは、**「給与所得の源泉徴収票」**を見ればわかります。

会社から配られる**給与所得の源泉徴収票の「社会保険料等の金額」「配偶者（特別）控除の額」などの欄に金額の記載があれば社員としての給料ということになりますが、「支払金額」と「源泉徴収税額」しか記載されていないような場合、実態は報酬としての支払いになっています。**

給与所得の源泉徴収票

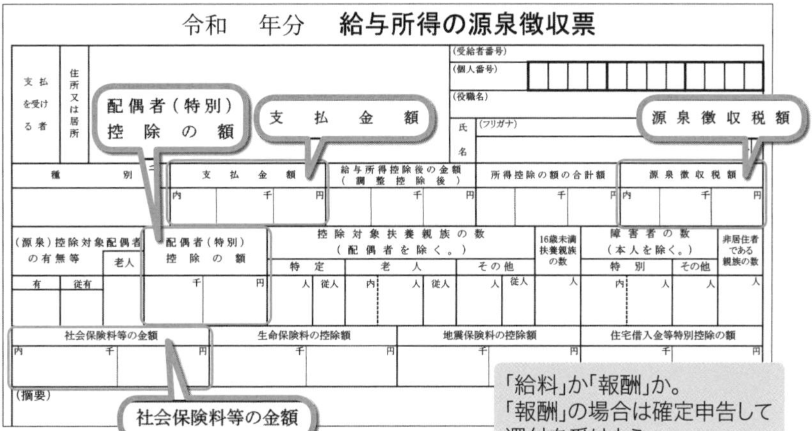

「給料」か「報酬」か。
「報酬」の場合は確定申告して還付を受けよう。

つぶやき **出版や映像関係のプロダクションの社員の場合、社員としての契約になっていても、短期社員の扱いになっていたりして会社で年末調整が行われていないケースもあります。年末調整されていない場合は、自分で確定申告すれば税金還付になる可能性が高いです。**

07 青色申告でないとダメ？

- ☐ 確定申告する方法は「青色申告」「白色申告」の2つで、自由に選べます。
- ☐ **青色申告にすれば誰もがトクになるわけではありません。**

青色申告って何？

確定申告には２つの方法があります。１つは「**青色申告**」。もう１つは「**白色申告**」です。

青色申告と白色申告の違いを簡単に言えば、青色申告の申請を出した人は青色申告で申告でき、それ以外の人は白色申告となります。青色申告を申請する人は、税務署に「個人事業の開業・廃業等届出書」「所得税の青色申告承認申請書」という書類を提出します。提出書類 ➜ 179、180ページ **書類を提出した上で、条件にそって帳簿をきちんとつけた人が、若干の恩恵にあずかるという制度です**。一方、白色申告は、事前に税務署に書類を提出する必要はありません。また、帳簿の内容が細かくなくても大丈夫です。

本来、日本の税金は、納税者が税法に則って自ら所得金額と税額を計算し納税するという「申告納税制度」をとっています。

税金を正しく計算し申告するためには、収入金額 や必要経費に関する取引の状況を日々記帳し、必要な書類を保管しておかなくてはなりません。

とはいえ、事業をやっている人は、なかなかそこまで手が回らないものです。筆者が調査官時代に見ていた零細の個人事業主は、特に帳簿をきちんとつけていない人が多かったです。その対策として税務当局がはじめたのが「青色申告」です。青色申告する場合は、青い色の申告用紙を使うので青色申告という名前がつきました。青色申告は、事業所得のほか、不動産所得、山林所得の申告でも行うことができます。

税務署の広報や経理雑誌などではよく青色申告を勧めていますし、税金入門本などでも必ずと言っていいほど青色申告を勧めています。

しかしながら、**筆者は、個人事業主やフリーランサーが青色申告をすることにあまりメリットがないように思います。**むしろデメリットのほうが大きい。それは、おいおい説明することにして、まずは青色申告の具体的な内容から紹介していくことにします。

青色申告の申請期限

青色申告を行うためには、期限までに青色申告の申請を所轄の税務署に提出します。申請の期限は次のようになっています。

青色申告の申請期限

(1)　原則

新たに青色申告の申請をする人は、その年の3月15日までに「所得税の青色申告承認申請書」を納税地の所轄税務署長に提出しなければなりません。

(2)　新規開業した場合(その年の1月16日以後に新規に業務を開始した場合)

業務を開始した日から2カ月以内に「所得税の青色申告承認申請書」を納税地の所轄税務署長に提出しなければなりません(新規に事業を開始したのが1月15日以前の場合は3月15日まで)。

(3)　相続により業務を承継した場合

相続開始を知った日(死亡の日)の時期に応じて、それぞれ次の期間内に「所得税の青色申告承認申請書」を納税地の所轄税務署長に提出しなければなりません。

1. 死亡の日がその年の1月1日～8月31日の場合
……死亡の日から4カ月以内
2. 死亡の日がその年の9月1日～ 10月31日の場合
……その年の12月31日まで
3. 死亡の日がその年の11月1日～ 12月31日の場合
……その年の翌年の2月15日まで

つぶやき
個人事業主やフリーランサーには、必ず青色申告がオススメとは言い切れません。

08 青色申告のメリット

☐ 青色申告特別控除は65万円か55万円か10万円。

☐ **税金が65万円差し引かれるわけではなく、「所得」が差し引かれるだけです。**

青色申告の主な特典

1．青色申告特別控除65万円（55万円、10万円）

正規の簿記**「複式簿記」**で記帳し、**「優良な電子帳簿」**の保存をするか**電子申告した場合、**所得から**65万円**が控除されます。**複式簿記で記帳しても、優良な電子帳簿か、電子申告でない場合は55万円**が所得控除されます。また**複式簿記ではない簡易な簿記の場合、所得控除は10万円**となります。電子帳簿や電子申告（e-Tax）はPart 5で詳しく説明します。

所得控除というのは、その金額分の税金が安くなることではありません。**65万円の所得控除があるからといって、税金が65万円安くなるわけではないことに注意してください。**

所得が控除されるだけなので（「控除」は差し引くという意味です）、税金の対象となる所得がその分減るということです。実際に支払う税金は所得×税率で求めますから、**所得控除された額に税率を掛けた分だけ税金が安くなります。**よって、所得税の税率が10%の人なら、65万円の所得控除を受ければ６万5000円だけ税金が安くなります。住民税も合わせれば、約13万円税金が安くなる計算です。

2．家族従業員に給料を支払える

青色申告をしている人は、妻（あるいは夫）などの家族が事業の手伝いをしている場合に、給料を支払うことができます。

これを、家族への給料を事業の必要経費として計上することができる**「青色事業専従者給与」**と言います。

ただし、給料支払いの対象となる家族は、**事業者と生計を一にしていて、年齢が15歳以上**という制限があります。

また支払える給料は、事前に税務署に提出する「**青色事業専従者給与に関する届出書**」に記載された範囲までであり、さらにその業務の対価として適正な額でなければいけません。つまり、**経費を増やすために著しく高い給料にするのはダメ**ということです。

ちなみに、家族に給料を払っている場合は、その家族を配偶者控除や扶養控除に入れることができません。配偶者控除や扶養控除はPart 3で説明します。

３．貸倒引当金

青色申告をしている人は、「**貸倒引当金**（かしだおれひきあてきん）」を設けることができます。

貸倒引当金というのは、売掛金、貸付金などの貸金の貸し倒れによる損失の見込額として、年末時点での貸金残高の5.5％までを計上し、それを必要経費に算入できるというものです。

なお、金融業を行っている人は貸倒引当金として計上できる率が3.3％になります。

４．赤字を繰越できる

青色申告をしている人は、**事業で赤字が出た場合、その赤字分を翌年以降３年間にわたって繰り越せます**。これは、赤字年のあと黒字が出ても、その赤字額が埋まるまで３年間は所得税がかからない、ということです。

つぶやき **青色申告にはいろいろな特典が用意されています。経理に関して確かな知識を持っていて、特典を使いこなせる人なら青色申告が有利になるのは事実です。**

09 青色申告のデメリット

- **青色申告で必須の複式簿記は、慣れていない人には手強い作業です。**
- 税務署の目が厳しくなることも頭に入れておこう。

青色申告、3つのデメリット

1．記帳が大変

青色申告のデメリットはなんと言っても、**記帳が大変なことです。**

青色申告では、貸借対照表と損益計算書を作ります。つまり、「複式簿記」で帳簿をつけなければいけません。

「損益計算書」とは、収入と経費を羅列して差し引き額を記したものです。「貸借対照表」は、その事業者が持っている資産と負債、利益の額を記載したものです。

正規の簿記の原則に従って正確に記帳すれば、損益計算書と貸借対照表の利益の額がぴったり一致します。

したがって、**取引（損益計算書）と資産（貸借対照表）の両方から、その事業者の所得計算をチェックできるというのが複式簿記の仕組みなのです。**

ここまで読んでみてどうでしょうか。普通の人には、何のことかわかりませんよね？

実際、複式簿記はけっこう大変なのです。経理初心者にとっては、かなり大きな負担になります。

税務署の関係団体などが記帳の指導も行っていますが、経理に心得のない人が自分だけで複式簿記をこなすのは事実上無理です。

よって、青色申告にしようと思えば税理士に頼まなくてはならないでしょう。**そうなると青色申告で浮かせた額なんて吹き飛んでしまいます。**

2．税務署の目が厳しくなる

青色申告のもう１つのデメリットは、**税務署の目が厳しくなることです**。

青色申告にはさまざまな特典があります。税務署の姿勢は、「大きなプレゼントをしているのだから、不備があったら許しませんよ」というものです。

よって、きちんと記帳ができていなかったり、帳簿が保管されていなかったりすると、簡単に「青色申告取り消し」となってしまいます。

青色申告をしている人は、帳簿や証票類がきちんと整備されているという建前です。これは税務署にしてみると、経理内容を調べやすいということです。何かをごまかしていたときや、よからぬことを仕組んでいたときに発覚しやすくなるわけです。

青色申告の複式簿記というのは、事業の数字を二重にチェックする経理方式です。二重にチェックするのだから、建前としては「うっかりミスは起こらない」のです。

たとえば、売上の計上が10万円漏れていたとします。損益計算書だけならば、伝票の記帳をうっかり忘れていたといった言い訳もできます。しかし、複式簿記の場合は、売上の入金時に伝票の漏れがあれば貸借対照表でわかりますから、そんな言い訳は通じません。

そういったとき税務署はどういう対応をとるか？

うっかりミスとは認めず、ミスがあればそれは不正とみなします。

つまり、税務署が売上の計上漏れなどを見つけたとき、「あっ、すみません、そこはうっかりしていました」では通らなくなるということです。

3．現金主義がやりにくい

個人事業主の場合、現金主義をとっている人も多いと思います。

「現金主義」というのは、現金が入ってきたときに売上を計上する方法です。

一方で、通常、売上というのは、商品やサービスを相手が受け取ったときに計上しなければいけません。代金はあとから支払われるとしても、商品を渡していれば取引は成立しているとみなす考え方で、これを「発生主義」と言います。

でも、個人事業主の場合は、それだといろいろと面倒だということで、現金が入ってきたときに売上を計上してもいい、ということになっているのです。

現金主義をとっている人は、青色申告特別控除の控除額が65万円（55万円）ではなく10万円になります。つまり、現金主義の人は青色申告のメリットがとても小さくなってしまうのです。

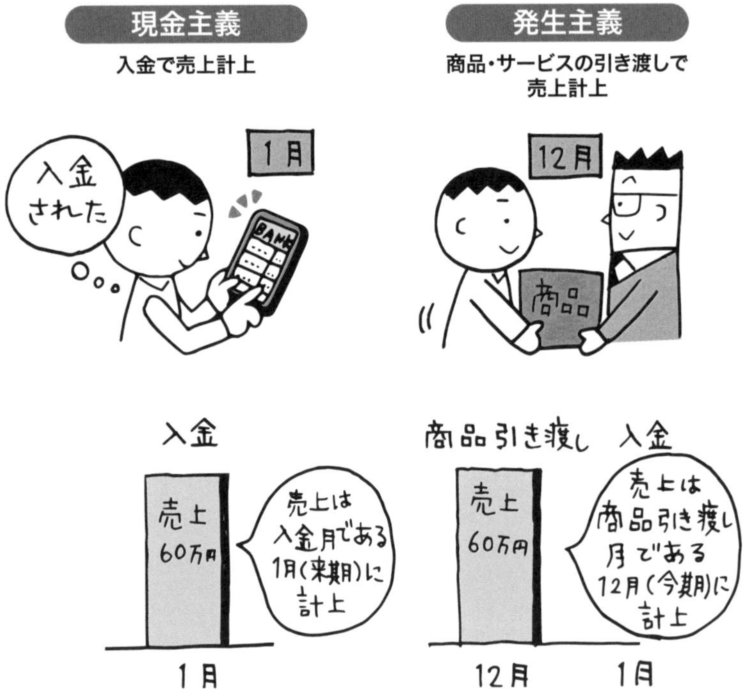

税務署が求めているのは発生主義。
現金主義の場合は青色申告のメリットが削られます。

青色申告のメリットと、記帳がとても大変というデメリットが釣り合うかどうか考えておこう。

青色申告の主なメリット、デメリット

メリット

1
青色申告特別控除65万円(55万円)

2
家族従業員に給料を支払える

3
貸倒引当金を設定できる

4
赤字を3年間にわたって繰り越せる

デメリット

1
記帳が大変→複式簿記は経理初心者にはハードルが高い。税理士に依頼することになり、かえって高くつくことも

2
税務署の目が厳しくなる→税務署はちょっとしたミスにも厳しい姿勢で臨むようになる

3
現金主義の場合、青色申告特別控除が10万円になる

つぶやき
青色申告にはいろいろな特典がある分、青色申告者には税務署の目が厳しくなります。不備が見つかり、税務署から青色申告の取り消しを受けると、青色申告の特典はすべて受けられなくなります。

青色申告のホンネ

「青色申告のはじめ方」、「超オトク青色申告」
技評書店
本屋大賞
青色申告のはじめ方
超オトク青色申告
ぶっ ぶっ
やっぱり確定申告するなら青色申告かな
本屋大賞
超オトク青色申告
そうとも言えませんよ！特に事業を始めたばかりの人なら、ね
わっ
HOW TO 青色
いきなりですが、経理はお得意ですか？……って、そうは見えませんね
わたしは右脳人間
フリーズ
ムズカシ…
経理初心者の人が、いきなり青色申告の帳簿を作るのは、かなりハードルが高いです！

でも いまは ネット上で 安く使える 会計ソフトが充実 してて、
HOW TO 青色申告
それを使えば なんとかなるって
ソフトを使うにしても 記帳をしっかりして おかないと。 日々の取引をソフトに 入力したり、
ゴーン
いくつも 帳簿を 作ったり …… たいへん ですよ
!?
税金が安くなるといっても 数万円ほど。 すごくうまく やっても 10万円 を 少し 超える くらい
ビシッ
税理士 に 頼んだり すれば 赤字ですっ
経理に自信がない人は はじめは白色申告。 事業の規模が大きく なったら、青色申告にするより いっそ会社にしたほうが いい
私の 持論 です
ちなみに 税務署が 青色申告を プッシュするのは、きちんと帳簿を つけてくれると 自分たちの チェックがしやすい から なんですよ
税務署
こちらでーす
青色申告
そういう 理由なの!?

10 じつは白色申告のほうが有利!?

- □ **白色申告の記帳なら難しく考えなくていい。**
- □ 難点は、赤字の繰越ができない、家族に給料をたくさん払えないなど。

白色申告も記帳が必要

46ページで、白色申告は、青色申告に比べると帳簿を細かくつけなくていい、ということを述べました。とはいえ、白色申告はまったく記帳をしなくていいわけではありません。以前は、まったく記帳していない人も多かったのですが、日本は申告納税制度の国であり、自分の税金は自分で計算しなければならない、という建前があります。したがって、税務当局も「これはマズい」ということで、白色申告者にも一定の記帳義務を課すようになりました。

白色申告者の記帳は、以前は年間の所得が300万円以上の個人事業主に限られていました。しかし、現在は、**すべての事業者に一定の記帳が課せられています。**

白色申告の記帳は小遣い帳程度で大丈夫

具体的には、どのような記帳をしなければならないのでしょうか？

国税庁のホームページによると、「**売上げなどの収入金額、仕入れや経費に関する事項**」となっています。また、「**記帳に当たっては、一つ一つの取引ごとではなく日々の合計金額をまとめて記載するなど、簡易な方法で記載してもよい**」とされています。

これらの文言が示す通り、そう難しく考える必要はありません。**何月何日に、誰々からいくらの売上があって、いくらの経費を誰々に払ったということを記載していれば十分です。**

これらの記載で白色申告者の記帳義務はクリアできます。小遣い帳や家計簿とほとんど変わりません。

簡易的な記帳であっても、自分がいまどのくらい儲かっているのかわかります。毎月いくら儲かって、いくら経費がかかっている、ということは確定申告の季節になって慌てないためにも必ず管理しておくべきことです。

白色申告の主なメリット、デメリット

	メリット	デメリット
1	記帳が青色申告に比べてダンゼン簡単	赤字の繰越ができない
2	証票類の整理も青色申告に比べて簡単	税務署からの信用がない
3	税務調査などで厳しい措置がとられにくい	家族に給料をたくさん払えない

一方で、白色申告のデメリットと言えば、赤字を繰り越せないことになるでしょう。しかし、個人事業の場合、普通は赤字が出ればやっていけないはずですから、必ずしも大きなデメリットではないと言えます。

つぶやき
白色申告者にも記帳が義務づけられていますが、小遣い帳や家計簿と変わらないような帳簿でも記帳義務をクリアできます。

11 白色申告ってどれくらいカンタン？

- ☐ **白色申告の記帳は、自分にとって「わかりやすい」「やりやすい」でOK。**
- ☐ 青色申告と白色申告では、記帳の手間に大きな差が出ます。

白色申告の記帳に明確なルールはない

白色申告の記帳には、青色申告のような明確なルールがありません。

自分がわかりやすいように、小遣い帳などと同様に、日付、入ってきたお金とその内容、出ていったお金とその内容を記載していきます。

また、正規の簿記では、売上帳と経費帳は別個に作らなければなりませんが、白色申告の場合は、そこまでの義務はありません。ですから、小遣い帳のように、**入金と出金を同じ帳簿に記載してもいいのです。**

青色申告の場合は、売上帳、経費帳などの各帳簿類の他に、損益計算書や貸借対照表なども作らなければなりません。青色申告と白色申告では、かかる手間に雲泥の差があります。

また、ひと口に個人事業といっても、それにはいろんな形態がありますから、**白色申告の記帳は、それぞれの事業に合わせた方法をとればOKです。**

記帳の例 ➜ 60、61ページ

不特定多数のお客さんを相手にしている事業、たとえば小売店や飲食店などは、１件１件の売上を記帳しなくてはならないわけではありません。レジなどの記録から１日の売上を集計するだけで十分ですし、毎日でなくても何日か分をまとめてやっても大丈夫です。

売上が銀行口座に振り込まれるような事業では、銀行口座のコピーをとっておき、それを売上帳代わりにする手もあります。その場合は自分の口座の取引記録を全部さらすことになりますが、税務署は調べようと思えばいつでも事業者の銀行口座の取引内容を調べることができますので、自分から全部さらしたところで何か不利になるようなことはありません。

どういう「形」かは問題ではなく、要は「売上がきちんとわかる」帳簿になっていればいい、ということです。

帳簿の扱いもカンタン

帳簿の保管は、白色申告者にも義務づけられています。

ただし、**「義務」となっているのは売上や経費に関する帳簿だけです。** これは、先ほどの小遣い帳的な帳簿のことです。**これらは法定帳簿として必ず保管しなければなりません。その他の帳簿類は任意保管で、「できれば保管しておいたほうがいい」というものです。**

また、証票類も、必ず保管しなくてはならない「義務」とはなっていません。証票と言えば領収書が一番身近ですが、この領収書も必ず保管しなくてはならない、というわけではないのです。

帳簿や書類の保管期間は次のように定められています。

白色申告の帳簿や書類の保管

	保管が必要な帳簿や書類	保管期間
帳簿 	収入金額や必要経費を記載した帳簿（法定帳簿）	7年
	業務に関して作成した上記以外の帳簿（任意帳簿）	5年
書類 	決算に関して作成した棚卸表その他の書類	5年
	業務に関して作成し、または受領した請求書、納品書、送り状、領収書などの書類	5年

つぶやき **記帳はためてしまうと、どんどん面倒になるので「毎週何曜日」など記帳の日を決めておくのがいいでしょう。優れた会計ソフトもありますから、導入を検討するのもいいと思います。**

フリーランスのデザイナーの記帳例

	入金	出金	相手先	内訳	残額
10月 2日	52,000円		AB プランニング	パッケージ 制作料	52,000円
10月 8日	10,000円		CD企画	ロゴ使用料	62,000円
10月10日		30,000円	熊谷充彰	デザイン リサーチ	32,000円
10月15日	65,000円		EFプロ	組版料	97,000円
10月16日		20,000円	武田知弘	仕上げ確認	77,000円
10月18日	32,000円		GH出版	トレース料	109,000円
10月21日	29,000円		IJデザイン	バナー 制作料	138,000円
10月28日	108,000円		KL書店	装丁料	246,000円
10月31日	49,000円		MNリサーチ	ロゴ制作料	295,000円

銀行振込なら日付、相手先、金額は表示されますから、銀行口座の履歴をコピーして内訳を書き込めば記帳したことになります。支払いもなるべく銀行振込で行えば、口座の履歴だけでほぼ帳簿ができます。

個人商店の記帳例

売上帳

令和6年 月	日	金額
10	1	24,700円
10	3	35,100円
10	4	33,800円
10	5	41,200円
10	6	34,500円
10	7	29,000円
10	8	33,300円
10	10	51,200円
10	11	35,500円
10	12	40,300円
10	13	46,000円
10	14	37,100円
10	19	40,700円
10	20	55,300円
10	21	18,400円
10	22	38,300円
10	24	23,900円
10	25	22,100円
10	26	41,300円
10	27	33,100円
10	28	22,100円
10	29	19,800円
10	31	34,600円
		合計　902,500円

原則は取引の1つひとつについて日付、相手先、金額などを記帳することです。ただし現金売上で1つひとつの取引が少額の場合や、納品書などで取引内容が確認できるような場合は、このように1日ごとの合計金額だけを記帳することもできます。

12 会社と個人事業、どっちがいいのか？

- □ 会社にすると節税でできることが増えますがデメリットもあります。
- □ **会社設立は、個人事業が軌道に乗り、経理や税金の仕組みがわかってからで十分です。**

会社と個人事業はどこが違う？

個人事業主の人、フリーランサーの人、これから独立開業しようとしている人は、事業を個人でやるか、会社形態にするか、という問題もあります。

実態としては、この２つの形態に違いはありません。両者の違いは会社を登記しているかしていないかだけなのです。たとえば町はずれの小さなタバコ店であっても、法人登記をしていれば、それは会社ということになります。大きな工場で従業員を何百人と抱えていても、法人登記をしていなければ、それは個人事業ということになります。

会社と個人事業は、登記をしているかしていないかの違いにすぎないのですが、税金の取り扱いは大きく違ってきます。個人事業の場合、売上から経費を差し引いた額が「事業所得」になり、その所得に対して税率が掛けられます。法人（会社）の税金も、基本的には個人事業と同じように、売上から経費を差し引いた額である「法人所得」に対して税率が掛けられます。

ただし、**法人の場合、役員への報酬も経費の中に含めることができます。**法人（会社）の場合、報酬は会社から受け取っているという扱いになります。これは、オーナー社長の報酬でもそうなるのです。**個人事業主は、事業の利益はすべて事業者のものという形になり、事業の利益自体に税金が課せられることになります。**それに対して**会社の場合は、事業の利益からさらに社長本人の報酬を差し引いた残額に対して税金が課せられます。**

このシステムをうまく使えば、会社は非常に税金を安くすることができます。たとえば、売上が3,000万円で、経費が2,000万円の事業があったとします。利益は1,000万円のはずです。これを個人事業で行ったならば、利益の1,000万円がそのまま所得となり、この1,000万円に対して所得税がかかってきます。一方、同じ事業を会社で行った場合、利益となるはずの1,000万円を社長の報酬とすれば、会社の所得は差し引きゼロになり、会社の税金はナシということになるのです。

とはいえ、会社ならどんなときでも税金が安くなるということはありません。会社を作ったとき**一番税金が安くなるのは、配偶者や親族を社員にして、会社の利益を給料として吐き出し、収入を分散する、というやり方をとったときです**。他にも会社の節税策はいろいろありますが、**一番大きいのは親族への収入分散です**。

それをするためには、まず会社として帳簿をきちんとつけなくてはなりません。これまで青色申告にするのは大変だ、と言ってきましたが、会社を作った場合もそれと同じくらいの大変さがあります。経理初心者の人が、いきなり会社の経理をするのは、ほとんど不可能です。税理士に頼むことになりますが、税理士に頼めば最低でも年間10万円くらいの報酬が必要になります。会社の経理全般を見てもらうとなれば30万円くらいのお金が必要になるでしょう。

筆者は、最初は個人事業ではじめておいて、事業が軌道に乗り、売上が1,000万円以上くらいになったときに、もしくは人を雇うくらいに拡大したときに、会社組織にすることをオススメします。個人事業なら経理はそれほど大変ではないですし、経理初心者でもできないことはありません。しばらく個人事業をやっていればイヤでも経理の知識がついてきますから、そうなってから会社を作っても遅くはありません。

つぶやき

令和5年10月からはじまった消費税のインボイス制度によって、個人事業といえども、ある程度詳しく経理をする必要が出てきました。どうせ経理をする必要があるのなら、いっそ会社を作ったほうがいいという考え方もあります。

魅惑のプライベートカンパニー

会社かあ〜
そんなこと ぜんぜん
考えて なかったな
う〜む
技評書店
本屋
会社設立
おっ これはっ
『プライベートカンパニーde節税』♪♪
プライベートカンパニーde
まだ 会社は
作らない
ほうが
いいと
思います
プライベートカンパニーde
だって さっき
会社は
強力って
…。
カッコよさそう
オマケに節税
プライベートカンパニーde節税
必ずしも 税金が 安く
なるとは 限らないんです。
会社を作って税金が
安くなるのは、家族を
社員にすることで
収入を分散できるから。
これが
最大の理由です
10,000
分散される分
税金も少なく！

まだ、家族を社員にするほどは儲かっていないんじゃ……
うっ 痛いところを……
ドキ
チラ
個人事業のままでも条件を満たせば家族に給料を払えます
給料
※これはPart 2で説明します
あれ？じゃあ会社なんて作る必要ないじゃないですか？
いえいえ
会社にしたほうが自分や家族に福利厚生を施すなどしてダイナミックな節税ができるんです。とはいえ会社を作ればお金も出て行きますよ
10,000
登記費用
10,000
法人住民税
10,000
法人事業税
10,000
税理士費用
それなりに事業規模が大きい人じゃないと会社はおトクにならないってことなんですね
うんうん
ふふっ
でもやっぱりプライベートカンパニーってカッコイイ！
セレブなかんじ？

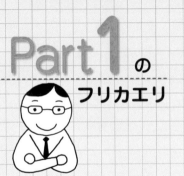

Part 1 のフリカエリ

一般的に、所得税を納める申告が「確定申告」。報酬が源泉徴収されて、税金が過払いになっている場合は、申告することで逆にお金が戻ってくる。

税金を安くするためには、青色申告でも白色申告でも、課税される所得をなるべく低く抑える工夫が必要。

売上を過少にして申告することは絶対にご法度。税務署が目を光らせており、不正が発覚した場合には厳しい措置が待っている。

領収書は、税務署が必ずチェックする重要な証票。書き損じても捨てずに、バツ印をつけて他の領収書と一緒に保管しておくこと。

領収書がない場合は、いつ、どういう内容で、いくらの支払いがあったという「事実」に基づいて経費を計上する。

青色申告には特別控除や赤字の繰越などの特典が用意されているが、個人事業主やフリーランサーの誰もが無条件でトクをするわけではない。

白色申告の記帳は、青色申告のような明確なルールはなく、それぞれの事業に合わせてやりやすい方法をとればOK。

Part 2

経費をたくさん積み上げよう

税金を安くするための、もっとも手っとり早い方法は
経費を積み上げること。
でも、お金をたくさん使って
自分が損をしたら元も子もない。
「損しない工夫をしながら上手に経費を積み上げる」
それが確定申告の必勝法！
減価償却だってわかってしまえばカンタンです。

01 経費をどれだけ積み上げられるか?

- □ **税金は、「売上を減らすか」「経費を増やすか」で決まります。**
- □ 売上を減らすと事業に差しつかえが出るので合法的に経費を増やすことがポイントです。

税金を減らすには２つの方法しかない

所得税は、**「課税所得」**に対して課されます。確定申告では、次の計算で課税所得を算出することを説明しました。

その事業の売上 － その事業にかかった経費 ＝ 事業所得

事業所得 － 所得控除 ＝ 課税所得

所得税は、課税所得に応じて税率が決まります。たとえば、売上が1,000万円で、経費が600万円だった場合は、差し引き400万円が、この人の事業所得ということになります。この400万円から各種控除を差し引き、その額（課税所得）に応じた税率を掛けたものが、所得税（それと住民税の一部）になります。

そして、税金を減らそうと思えば、事業所得を減らせばいいのですが、事業所得を減らす方法は、じつは２つしかありません。

「売上を減らすか」「経費を増やすか」です。

これは計算式を見ればわかります。**「売上－経費＝事業所得」**となるわけですから、事業所得を減らすには、売上を減らすか、経費を増やすかしかありません。

ほとんどの節税策は、煎じ詰めれば、このどちらかにあてはまります。

とはいえ、事業所得を減らすことは、なかなか恣意的にできるものではありません。

ヘタに売上を減らそうとすると、事業が縮小し、思わぬ方向に転んでしまうかもしれません。税金を減らそうとして事業を傾かせてしまっては本末転倒です。また、売上を隠そうとすれば、それは脱税になります。脱税は発覚したときのダメージが甚大です。

したがって、**売上はそう簡単に、恣意的に減らすことはできません**。

一方、経費というのは、恣意的に増減させることができます。経費は、自分が使えばいいだけですから。

たとえば「今年はちょっと儲かったな、このままでは税金が高くなりそうだな」というときには、たくさん経費を使えばいいのです。

税金を安くするときに最大のポイントとなるのは、経費をどれくらい積み増すかということです。このへんは税金のもっとも基本的なことなので、ご存じの方も多いでしょう。

経費の範囲はけっこう広い

経費というのは、仕入にかかったお金や事務経費だけでなく、自宅家賃や光熱費、交通費、交際費、家族への給料なども計上することができます。

しかも、１つひとつで経費として認められる範囲がかなり広く、**一般の人が思っているよりも経費の線引きはゆるいのです**。

たとえば、「**接待交際費**」は取引先を接待したときにしか計上できない、と思っている人も多いようです。実際は、仕事に少しでも関係のある人や、少しでも仕事に役立ちそうな情報を持っている人を接待した場合でも計上できます。また、１次会に限らず、２次会・３次会であっても、それが接待交際であれば経費として計上することができます。

原則として、接待交際に該当するかどうかは納税者自身が判断し、税務署は、明確に仕事に関係ないときに限って否認できます。税務当局が否認できるのは、「それは接待交際ではない」という確たる証拠をつかんだ場合のみです。

“生活費”を経費に計上するというやり方

経費を増やすことが税金を安くするための最大のポイントだということを述べました。とはいえ、節税しようとすると、どうしてもぶちあたってしまう壁があります。それは、「経費を増やしすぎれば自分のお金がなくなってしまう」ことです。

経費を増やすということは、それだけお金を使うということです。つまり、**経費を増やせば自分のお金は確実に減ります**。経費を増やすことができても、自分の取り分（生活費）まで圧迫してしまったら元も子もありません。よって、**経費として計上できて、しかも自分の取り分（生活費）を圧迫しない方法**を考える必要があります。

「そんな都合のいい話があるわけない」

そう思ったあなたは、とても常識人です。経費というのは「使ったお金」という意味なので、常識的に考えれば経費で計上したものが手元に残るわけがありません。

しかし、やり方によっては自分の取り分（生活費）を減らさないで、経費を計上することができるのです。

それは、**「生活費自体」を経費に計上する**ことです。

もちろん、建前の上では「事業の経費」と「生活費」は別個のものです。無造作に生活費を経費に計上していれば、税務署からおとがめを受けます。

しかしながら、**一定の条件さえクリアしていれば、事実上、生活費を経費に計上しても税務署からとがめられない**、ということができるのです。

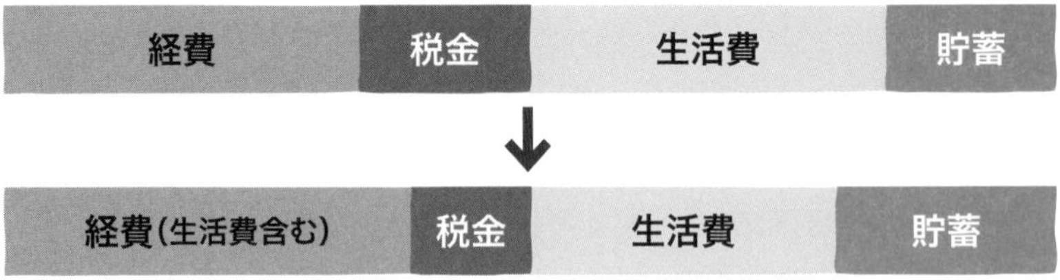

生活費のうち、経費にできるものを経費に計上。
生活水準はそのままで、経費が増えた分、税金が少なくなります。

税務署に文句を言われない経費計上とは？

生活費をどれだけ事業の経費に計上できるかは、節税のキモになる部分です。これは、単に領収書をかき集めればいいということではありません。建前の上では生活費は事業の経費には計上できないので、領収書の中に生活費の分が含まれていれば税務署からハネられます。

生活費を事業の経費に計上するためには「一定の条件」が必要になります。

事業の経費として計上できるのは、「**事業に関係する支出**」です。

事業に関係していれば、どんなに額が大きくても経費になります。逆に言えば、どんなに少額であっても、事業に関係しないものは経費にはなりません。

「事業に関係するかどうか」という判定は簡単です。たとえば、鉛筆を1本買ったとします。これを仕事で使うのなら経費になり、プライベートで使うのなら経費になりません。飲みに行っても、仕事に関係のある飲み会であれば経費にできますし、そうでない場合は経費にできません。

これは別の言い方をすると、

「**どんな支出でも事業に関連づけることさえできれば経費になる**」

ということです。

たとえ生活費であっても、事業に関連していれば、事業の経費として計上できます。よって、**生活費をうまく事業に関連させればいいのです。**

つぶやき

税務署からおとがめを受けずに、さらに自分の取り分を圧迫しないように経費を積み上げていくのがうまい経費計上のやり方。

02 家賃を経費で落とそう!

- [ ] **金額の大きい家賃を経費にできると大きい。**
- [ ] どれくらいまで経費にしていいのか、社会常識も踏まえてコツをつかもう。

プライベート部分と仕事部分で按分計算する

生活費を経費で落とそうと思ったとき、もっとも手っとり早く、かつ金額的に大きいのは**家賃（住居費）**だと言えます。

都会の生活者にとって家賃は生活費の中で大きな割合を占めます。**これを事業の経費で落とすことができれば大きな節税になります。**

賃貸住宅に住んでいる個人事業主やフリーランサーが、自宅で仕事をしている場合、当然、家賃を経費で落とすことができます。

とはいえ、ほとんどの人が「**どのくらい落とせるのか**」わからないようです。家賃のほとんどを経費で落としている人もいれば、３割くらいしか計上していない人もいます。

じつは、**家賃というのはビミョーな問題で、明確な基準はないのです。**

原則としては、仕事で使っている部分と、プライベートの部分を明確に分けて、その割合に応じて家賃を按分（あんぶん）する、ということになっています。

たとえば、家賃８万円・30㎡の賃貸マンションに住んでいる人がいたとします。仕事には18㎡を使っているので $\frac{18}{30}$ で60%。８万円の60%なので4万8000円。これを経費にします、というのが建前上の計算になります。

しかしながら、仕事部屋と居室が分かれていればいいのですが、都会で部屋を借りている若い人などは、１Ｋや１ＤＫに住んでいることも多いはずです。その場合は、仕事部屋とプライベートの居室の区別がつきませんよね。

たとえ仕事部屋と居室が分かれていても、居室で仕事をすることもあるでしょう。仕事に使っているスペースというのは「完全な仕事部屋」だけではなく、キッチンやバス、トイレ、リビングなども、一部は仕事に使っていると考えられます。テレビのある部屋で情報収集することもあるでしょうし、仕事部屋だけでは手狭になってリビングで仕事をすることなどもあるでしょうから。

だいたい6割の経費計上なら税務署から文句が出ない

では、どうすればいいか。ぶっちゃけると、だいたい家賃の６割程度だったら、普通は税務署から文句が出ないはずです。よって、もし**仕事部屋とプライベート空間を明確に分けることができなければ、６割を目安に経費計上すればよい**、ということになります。

ただ、これは法律で規定されていることではないので例外もあります。

たとえば、家賃50万円の４ＤＫの部屋に住んでいて、仕事はその中の１室だけを使っている、というような場合。このケースでは家賃の６割、30万円も経費に入れるのはちょっとマズいでしょう。

逆に、**家賃の60%以上を経費に計上できることもあります**。仕事に使っている部分が６割を超えていれば、その割合で経費に計上すればいいのです。すごく狭い部屋に住んでいて、部屋のほとんどが仕事に使われている場合などですね。

たとえば15㎡のワンルームに住んでいて、そこで仕事をしている場合、仕事のスペースとして８割を計上しても文句は出ないでしょう。

また、**別に住むところがあって、仕事のためだけに部屋を借りている場合なら、おおむね全額を経費に入れることができます**。

たとえば、茨城に実家があって普段はそこに住んでいて、仕事のために都内に部屋を借りている人がいたとします。

その場合は、都内で借りている部屋の家賃は全額、経費にすることができます。もし仕事部屋に寝泊まりすることがあったとしても、仕事をしていなければその部屋は必要ないわけですから、これは100%経費に計上できます。

家賃を経費に計上するときは、**特に変わった事情がない限り家賃の６割を経費に計上するようにしておいて、特別な事情がある場合は、その事情に応じて経費で落とすようにするのがいいでしょう**。

仕事部屋が別にあっても、自宅家賃を経費にできる

自宅で仕事をしている場合は、自宅の家賃を事業の経費に入れることができる、と説明しました。

では、事業所や店舗、仕事場などが自宅以外にある場合、自宅の家賃は経費にできないのかというと、その答えはNoです。

事業所や店舗、仕事場などが別にあったとしても、自宅でも仕事をすることがあるのなら、自宅家賃も経費に入れることができます。個人事業主、フリーランサーは、仕事を自宅に持ち帰ることも多いですよね。雑用を自宅でこなすことは多々あるでしょうし、ネットで仕事の情報収集をすることも多いでしょう。逆に自宅ではまったく仕事をしない、という人は少数派ではないでしょうか。

少しでも自宅で仕事をしているのであれば、自宅家賃も当然、経費に計上できます。この場合さすがに６割はマズいかもしれませんが、だいたい２～３割ならば大丈夫でしょう。

これにも例外があります。すごい豪邸などに住んでいて、仕事をするスペースが非常に限られた割合しかない場合は、２～３割は多すぎると判断されるかもしれません。普通の賃貸マンション、アパートなら、２～３割にしておけば大丈夫でしょう。

また事業所や店舗、仕事場などの賃貸料は、当然のことながら全額を事業の経費にすることができます。ただし店舗つき住宅などは、店舗部分と住居部分で家賃を按分しなければなりません。その場合も、純然たる店舗スペースだけではなく、住居スペースで事務仕事をするようなことがあれば、その分も按分することができます。

持ち家の場合はどうなる？

ここまで、賃貸住宅に住んでいる場合の家賃の経費計上について説明しました。ここまで読んで、「持ち家に住んでいて、そこで仕事をしている場合は経費にすることはできないのか？」と思った人もいるでしょう。

この回答は難しいです。持ち家を事業用資産として帳簿に記載し、減価

償却費を経費に計上するという方法がありますが、家は耐用年数が長いので、１年ごとの減価償却費はそれほど大きくありません。また持ち家でも、事業用部分と住居部分に按分しなければならないので、経費で落とせる分はさらに減ってしまいます。

ただし、新たに家を買う場合であれば**「住宅ローン控除」**という強力な減税制度があります。詳しいことはPart 3で述べますが、この住宅ローン控除は減税額がかなり大きいので有効な節税策になります。よって、**家を買う場合は、事業用として経費で落とすよりも、住居用として住宅ローン控除を受けるほうがトク**と言えます。

すでに家を買っている人は、いまから住宅ローン控除は受けられません。そういう人は、事業用資産に繰り入れて減価償却費を計上する方法をとるしかありません。この計算は、経理初心者にはちょっと難しいと思いますので、税務署に必要書類だけ持っていって教えてもらったほうがいいでしょう（減価償却は98ページで詳しく説明します）。

また、**すでに家を持っている人でも、固定資産税やマンションの管理費などは経費として計上することができます**。この場合も、事業用部分と住居部分で按分計算します。

なお、申告書類の青色申告決算書、収支内訳書では、住居費は**「地代家賃」**という勘定科目になっています。青色申告決算書 ➜ 243ページ 住居費を計上する場合は、この「地代家賃」の欄に記入してください。

つぶやき

自宅以外に仕事場などを持っている場合、仕事場の家賃はもちろん、自宅でも仕事をしていれば、その家賃も按分した上で経費に計上することができます。

03 光熱費、電話代なども経費で落とそう!

- [ ] **家賃以外の生活費も仕事に使っている部分は経費にできます。**
- [ ] 家賃と同じように、仕事とプライベートの按分の考え方を使って経費化していこう。

経費で落とせるのは家賃だけじゃない

前項では、家賃を経費で落とす方法を紹介しました。

もっとも、経費で落とせるのは家賃ばかりではありません。生活に関する他の費用も経費に計上することができます。

生活費を経費に計上する場合、家賃の次に候補に挙げられるのは光熱費、水道代、電話代、新聞代、ガソリン代などです。家賃と同じように、水道光熱費、電話代、ガソリン代なども、仕事に使っている部分を按分して経費に計上することができます。

自宅で仕事をしている場合、光熱費は仕事でも使っているはずです。また電話や車なども、仕事で使っている部分が、ある程度は必ずあるはずです。よって、経費に計上しても何ら問題ありません。

これらの費用も、明確な区分けができなければ、家賃と同じように6割程度を目安にして経費計上すればいいでしょう。

按分の割合は柔軟に考えていい

ただ、これも特殊な事情がある人は話が別です。

車が趣味で1日何十キロもプライベートで走っているような人や、仕事では車をほとんど使わない人が、ガソリン代の6割を経費に入れるのはちょっと無理があります。

逆に車は仕事でしか使わないという人は、100%経費に入れることができます。

そのへんの判断は柔軟に考えてください。

光熱費、電話代、車の諸経費なども、仕事に使った分は按分して経費計上できる。

車関連の経費の例

ガソリン代

車検料、修理費、自動車税

カーナビ、ドライブレコーダーの設置費用

光熱費は、費用によって性質が違うので注意が必要です。

電気代は、仕事でも使うものなので経費計上しても差しつかえありません。毎日夜遅くまでエアコンをかけてパソコンで仕事をして料金がかさんでいるような人は６割と言わず、７～８割くらいを経費に計上することも可能でしょう。

しかし、ガス代も同じようにするのはちょっと難しいかもしれません。ガスは、料理かシャワーくらいにしか使いませんからね。

仕事中にコーヒーをいれたり、ひと仕事終えてシャワーを浴びることも仕事のうちかもしれませんが、税務署としては、それは仕事がなくてもやっていることだろうとツッコミたくなるものです。

電気代を６割計上していたとしたら、ガス代は４割程度にしておくほうが無難かもしれません。

つぶやき **その他の生活に関連する費用も、仕事とプライベートの明確な区分けができない場合は6割程度を目安に経費計上します。その割合は柔軟に考えてもOKです。**

04 配偶者や家族に「給料」を払おう!

- □ **家族に給料を払う場合、白色申告は1人86万円(50万円)まで。**
- □ 青色申告は上限なし。ただし、事前に届け出た額以上は出せません。

家族に給料を払って節税

生活費を経費に計上するウラ技として、配偶者（ここでは、便宜上「妻」としますが「夫」でも同じです）や家族に給料を払うという方法があります。

妻や家族に給料を払えるのは、会社の場合や青色申告の場合だけと思っている人がいるかもしれませんが、そうではありません。**白色申告の人でも、一定の条件を満たせば妻や家族に給料を払えるのです。**

白色申告の個人事業主やフリーランサーには「**専従者控除**」という経費が認められています。

「専従者控除」とは何かというと、**妻や親、子どもなど、白色申告の事業者と生計を一にしている15歳以上の親族が、その事業の手伝いをしている場合、妻（配偶者）に払う給料のうち年間86万円まで、配偶者以外の親族に払う給料のうち年間50万円までが、事業の経費として所得から控除できる**、というものです。

ただし、事業所得を、専従者の数に１を足した数で割った金額が上限となります。

たとえば、専従者控除を差し引く前の事業所得が100万円で、専従者の数が１人だった場合、100万円÷（１＋１）で50万円。専従者控除の上限は50万円となります。

専従者控除を満額の86万円にしようと思えば、専従者控除を差し引く前の事業所得が、その倍の172万円以上ないといけません。

なお、青色申告をしている場合には限度額がなく、いくらでも専従者への給料を出せます。

白色申告の専従者控除の額

事業所得÷(専従者の数＋1)	配偶者→86万円 その他の親族→50万円

この2つのうち、どちらか少ないほうの金額

たとえば事業所得が 400万円で、専従者が3人(配偶者1人とその他の親族2人)の場合なら、400万円÷(専従者3+1)＝100万円となり、100万円 ＜ 186万円 (86万円＋50万円＋50万円) ですから、100万円が専従者控除の限度額となります。

青色申告の専従者給与

青色申告をしている人は専従者給与に限度額がなく、いくらでも払えると言いましたが、いくつか条件があります。

給料支払いの対象となる家族は、事業者と生計を一にしていて、年齢が15歳以上と決められています。

また給料の額は、事前に届出書によって届け出なければいけません。**払えるのは届出書に記載された額までであり、いくら儲かった年でも、それ以上は出すことができません。** 青色事業専従者給与に関する届出書 → 49ページ

そして、**その業務の対価として適正な額**でなければいけません。世間相場と比べて著しく高い給料はダメということです。

ちょっとしたことでも「仕事の手伝い」になる

白色申告者も、事業者と生計を一にしている15歳以上の親族が1人いれば最大で86万円もの専従者控除が認められるのですから、これを使わな

い手はありません。86万円の控除が認められるというのは、節税額にするとだいたい10万円以上になります。

「妻は仕事の手伝いなんかしてない」

そう頭に思い浮かんだあなた、あまり杓子定規に考えるものではありません。仕事中にお茶をいれてくれる、仕事部屋を片づけてくれる、仕事の電話がかかってきたら応対してくれる、仕事の雑用をこなしてくれる。**それだけでも立派に仕事の手伝いをしていることになるのです**。もし同じことを他人にしてもらおうと思ったら、それなりの報酬を払わなければいけないわけですから。

奥さんに限らず、母親にだって協力してもらえます。母親に仕事を手伝ってもらっていることにして専従者控除を受けることもできます。

母親だったら、いろいろと世話を焼いてくれるはずです。部屋を掃除してくれたり、お茶をいれてくれたり、電話をとってくれたり……。よって、専従者控除を受けても別におかしくないのです。

このように、**家族を「専従者」にするのはけっこう簡単なのです**。

建前の上で「給料」になっていればOK

「給料を払えるといっても、妻に86万円も出したりできないよ」

と思った方、あなたは真面目ですね。

なにも奥さんに「給料だよ」と言って、86万円耳を揃えて渡す必要はありません。あっ、建前の上ではそういうふうにしなければいけないんですけどね。

つまり、夫婦なわけですから、生活費として渡しているお金がありますよね。**そのうちの86万円分を奥さんの給料ということにすればいいのです**。簡単な話でしょう？

専従者控除を臨機応変に使う

この専従者控除は、年が変わってから、これを経費にすることもできます。**12月31日が過ぎて、その年が終わり、利益が出たことが確定してからでも使えるのです**。

厳密に言うと本当はダメなのですが、領収書の受け渡しがあるわけではないですし、配偶者とは財布がほとんど一緒という場合も多いでしょうから、あとから専従者控除にすることも可能なのです。**12月末に収支決算をしてみて、思ったよりもたくさん利益が出ていたとなったときに、専従者控除を使って86万円を利益から差し引くことができます。**

専従者控除は、条件に該当してさえいれば、使っても使わなくても構わないものなので、儲かったときには節税のために使い、儲かっていないときには使わない、というやり方もできます。

ただし**専従者控除を受けるには、専従者として働いているという事実が必要なので、他の仕事をしていたり、学校に通っていたりして、１年間のうち６カ月以上、専従者の仕事に従事できない場合は対象となりません。**

また、遠方に住んでいる親族も対象になりません。遠方に住んでいる人が身近で仕事の手伝いをしているというのは、やはり不自然ですからね。

そして**配偶者に給料を払って専従者控除を受けた場合、配偶者控除は受けられません。また親族に給料を支払った場合は、扶養控除が受けられません。** 専従者控除と配偶者控除、扶養控除 ➜ 124ページ

なお、親族以外の他人を雇って給料を支払う場合には限度額がありません。給料の全額を経費として計上できます。会社と同じように普通に従業員として扱うことができます。これは青色申告の人も、白色申告の人も同じです。

つぶやき

基本的に、遠方に住んでいる親族は専従者控除の対象になりません。ただし、帳簿をつけてもらったり、遠方の土地で営業をしてもらうなど、仕事をしてもらっている実態があるときにはこの限りではありません。

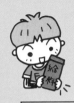

おかんの給料問題

家族にお給料を払って、それを経費にできる、と
ぶつぶつ…
青色申告は事前に届けが必要で、その届けた額までならOK。
白色申告は配偶者なら86万円、その他の親族なら50万円まで経費にできます
お給料
でも税務署がなんか言ってこないんですか？
ちゃんと働いているんですか？って
FRee
・・・・・・・
本当に働いているのであれば税務署は文句は言えませんよ
ほ～
ソロバンだったら任しといて！
HaHa
でもうちの親はパソコンできないし…
FRee

別にあなたの仕事そのものを
手伝ってもらう必要は
ありません。
RRR
電話番、
掃除、
食事作り
みんな
れっきとした
仕事です
HAHA
アシスタント的な仕事でも
もし他人を雇うなら
それなりの給料を
払うことになりますよね。
普通に1人分の人件費が
発生するはずです
人件費
給料
人を雇ったときに払う
お給料と同じ
くらいだったら
お母さんに払っても
問題なし、と？
その
通り
相談して
みよっかな
～
お母さん
にできる
こと
だったら
話
聞くわよっ!
HAHA
FRee

05 交際費を使いこなそう!

- ☐ 個人事業主は、いくら交際費を使っても経費にできます。
- ☐ 接待や打ち合わせ、会合などのほか、間接的に仕事に関係している人との飲食も交際費にしてOK。

個人事業主は交際費が使い放題!

生活費を経費に計上しようというとき、使い勝手がいいのが「接待交際費」です。

あまり知られていませんが、個人事業主にとって接待交際費というのはとても有利にできています。

というのも、**個人事業主、フリーランサーは、税務上、接待交際費の限度額がないのです。つまり、個人事業主、フリーランサーは、原則として交際費をいくら使っても経費にすることができるのです。**

法人（会社）の場合、接待飲食費の50%相当額を除き、交際費は税務上の経費にできません。また、中小企業には800万円以内という制限があります。それに比べると、個人事業主は交際費をすべて経費にできて、限度額もないというのは、かなり大きなメリットと言えます。

個人事業主 接待交際費の上限なし	大企業 （資本金1億円超～ 100億円以下） 接待交際費のうち飲食費は50%まで損金算入可	中小企業 （資本金1億円以下） ●800万円までの接待交際費の全額 ●接待飲食費の50% どちらか有利なほうを選択して損金算入

個人事業主は
制限なし

接待飲食費の
50%まで

資本金100億円を超える
会社は損金算入
一切不可

800万円まで
or 接待飲食費の
50%まで

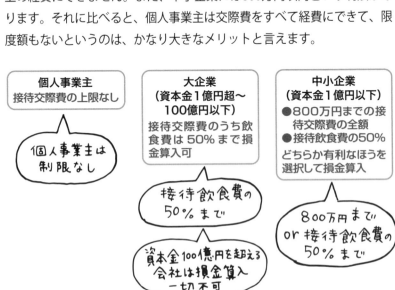

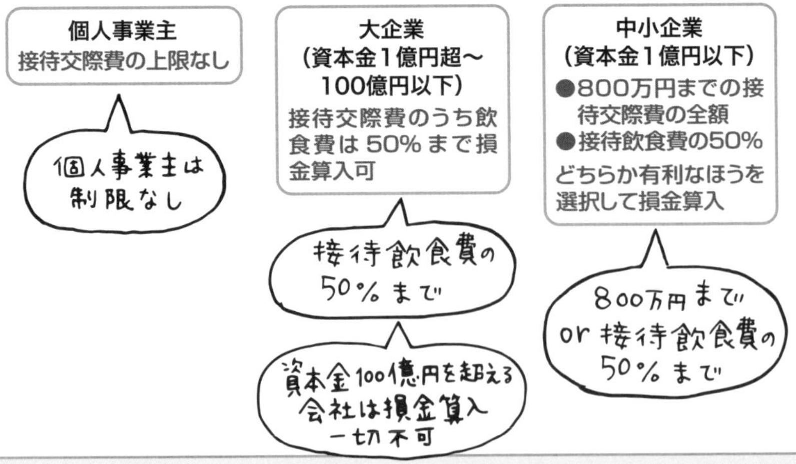

この点に気づいていない個人事業主はけっこう多いのです。

交際費というと、税務署が目くじらを立ててチェックしそうなので、なるべく使わないようにしている人もいることでしょう。

しかし、**ちゃんと交際費に該当する支出ならば、まったく遠慮する必要はありません**。

交際費に該当するかどうかの基準は、これまでに述べてきた通り、「仕事に関係するかどうか」です。

これは、**直接仕事に関係する交際費だけでなく、間接的に関係するものも含まれます**。

つまり、直接的な取引先の接待だけではなく、一緒に飲食することで仕事上有益な情報が得られる可能性があるなどの場合でも十分に交際費に該当するのです。仕事上のつき合いから、やむを得ず参加しなければならない会合などの費用も、交際費に含めることができます。

交際費はかなり広い範囲で使えることを、ぜひ覚えておいてください。

交際費に該当するもの、しないもの

接待交際費に該当するもの	接待交際費に該当しないもの
・少しでも仕事に関係する人との飲食など ・少しでも仕事に関係する人への贈答など ・少しでも仕事に関係する人とのゴルフ、旅行など ・従業員、外部スタッフなどとの飲食など	・仕事にまったく関係しない人との飲食など ・仕事にまったく関係しない人への贈答など ・仕事にまったく関係しない人とのゴルフ、旅行など

つぶやき

接待交際費は、税務署の目が厳しいことは確かです。領収書以外にも、飲食の日時や場所、相手方の所属や名前、人数などの記録をきちんと残しておく必要があります。

接待交際のルール

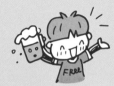

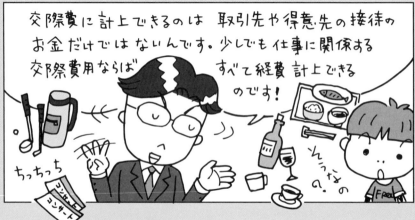

今年は まんべんなく 仕事が 入って
いい かんじ〜
ほくほく
入金明細
これは節税を マジメに考えないと 手っとり早く できることって なんだろう？
うむ…
それだったら 接待交際費を 増やしてみては どうでしょう？
わっ
ぬっ
いつも
ワリカン
一緒に 仕事してる 人を 接待 なんてこと、ほとんど ないですよ
交際費に計上できるのは 取引先や得意先の接待のお金だけではないんです。少しでも仕事に関係する交際費用ならば すべて経費計上できるのです！
ちっちっち
そうなの
コンサート

直接の取引先でなくても、少しでも仕事に関係のある人との会食や、場合によっては友だちとの飲食だって交際費にすることができます
キラリッ
もう一軒行くぞ〜っ
ベロベロ。
友だちでも!?
このデザイナーさんはね……
ただ飲んで食べるだけじゃダメです。友人から仕事のツテを紹介してもらったり、仕事上の有益な情報をもらう、などのときに限った話です
もしもし今度の飲み会なんだけど〜♪
RRR
あの…だから友だちと飲んで食べるだけじゃダメなんですってば!
つんつん

06 買い物をして節税!

- [ ] **白色申告の人は、10万円未満の備品なら買ったその年に経費にできます。**
- [ ] 儲かった年には、必ず使う備品を買い込んでみるのもいいでしょう。

儲かったときは仕事に関係するものを物色しよう

生活費を経費に計上する方法として、パソコンやソファなどの備品を購入するという手もあります。

「私用で使うパソコンや家具なんかを経費にできるんだろうか?」

と疑問に思う人も多いでしょう。

確かに、純然たる私用のものを事業の経費にすることはできません。しかし、**事業に関連するもの、事業にも使うものであれば経費に計上することができます。**

いまどき仕事でパソコンを使わない人はいないでしょう。また家具なども、仕事場に置くものや、仕事関係の来客の応対で使うものなどは事業用とすることができます。もちろん、仕事と私用の両方で使っている場合は仕事部分と私用部分に按分します。按分には明確な基準がないというのは、72ページで述べた通りです。

そして、もし**これらの備品をローンで買えばどうなるでしょうか。自分がお金を支払うより先に、経費に計上できることになります。**

備品を買うときの注意点

注意点として、**10万円未満のものを買わなければいけない**、ということがあります。

10万円以上のものは、買ったその年に全額を経費に計上することができないからです。

これは「固定資産」というヤツで、車を買ったときなどと同じ扱いになります。 固定資産 ➔ 98ページ 固定資産は、取得価額を耐用年数に応じて経費化していきます。

また、**取得価額が10万円以上で20万円未満の固定資産を「一括償却資産」とすることもできます。一括償却資産というのは、３年間で均等償却する**制度です。たとえば、18万円のパソコンを購入した場合なら、毎年６万円ずつ減価償却することができます。

20万円以上の資産を購入した場合は減価償却資産として、その資産ごとの耐用年数により減価償却をしなくてはいけません。

固定資産や減価償却は後ほど詳しく説明しますので、ここでよくわからなくても大丈夫です。

気をつけなくてはいけないのが、**セットで使うものはセットで10万円以上になったらダメ**ということ。たとえば、ソファセットを買ったときに、ソファとセットのテーブルが単品ではそれぞれ10万円未満であっても、セットで10万円以上になっていれば固定資産にしなければいけません。セットで使用するものは、セットで総額いくらになるかが問題になります。

白色申告の減価償却

取得価額	処理方法
10万円未満	全額その年の経費に計上
10万円以上 20万円未満	固定資産に計上するか、 一括償却資産にできる （3年間で均等償却）
20万円以上	固定資産に計上

つぶやき
10万円以上 20万円未満の固定資産を一括償却資産にするか、通常の固定資産として減価償却するかは、個別の資産ごとに選択することができます。

たとえば9万円のパソコンを12月にローンで買ったとすると、支払いはまだしていなくても経費を9万円分計上できることになる。

07 青色申告者は30万円未満の備品をターゲットにしよう

- [ ] **青色申告の人は、その年に経費にできる額が30万円未満にアップします。**
- [ ] 青色申告決算書に必要事項を記載して、明細を添付します。

青色申告の特例

青色申告をしている人は、事業に関係する30万円未満の資産を購入したとき、年間の合計購入金額が300万円になるまで、全額その年の経費にすることができます。よって、儲かった年には30万円未満の備品を買い込めば節税することができます。30万円というと、相当なものが買えますよね。業務で使う機材、ハイエンドテレビなどはもちろん、ハイスペックのパソコンも手に入ります。中古車だって買うことができるでしょう。

これを「**少額減価償却資産の特例**」と言います。いまのところ令和８年３月31日までの時限的な措置ですが、これまで何度も延長されており、今後も延長される可能性があります。

青色申告の減価償却

取得価額	処理方法
10万円未満	全額その年の経費に計上
10万円以上 30万円未満	年間300万円までは 全額その年の経費に計上
30万円以上	固定資産に計上

「取得価額」は、固定資産を購入したときに支払った購入代金のほか、配送料金や設置料金などの一緒にかかった費用も含みます。消費税は税込経理の場合には含め、税抜経理の場合には含めません。これは前項の白色申告の場合の「取得価額」でも同じです。

少額減価償却資産の特例を受けるには条件があります。

青色申告決算書の「減価償却費の計算」欄に必要事項を記載して、少額減価償却資産の取得価額の明細を確定申告書に添付して提出する必要があります。青色申告決算書 ➜ 245ページ そして、その明細を保管しておかなければいけません。

テレビを事業用と認めてもらうには

仕事に関係する30万円未満（白色申告者は10万円未満）の買い物をすると節税になることを述べましたが、どこまでが仕事に関係するもので、どこからが関係しないものなのか区別がつかない、という人もいるでしょう。その点をちょっと説明しておきます。

たとえばテレビを例にとると、事業用として経費に算入できるかどうかは、要は仕事に関係するかどうかです。少しでも仕事に関係していればOKですが、無関係ならば難しいです。

事務所や仕事部屋に置いておき、仕事中につけていたり、来客があったときにパソコンをつないでモニターとして使ったりしているのならOKでしょう。一方で自分の部屋に置いていて、プライベートで楽しんでいるだけなら、当然「私用のもの」となります。

ただ、テレビで仕事関係の情報を頻繁に収集しているのなら話は別です。たとえば、ゴルフ関係の仕事をしている人が、自分の部屋でゴルフ中継を欠かさず見ている場合などがこれにあたります。仕事とプライベートの両方で使用している場合は、使用時間を基準にして按分した上で経費に算入すればいいでしょう。

つぶやき

テレビに限らず、事業で使っている事実があるものなら、どんなものでも経費で落とすことができます。

08 支払利息を忘れるな！

- お金を借りたときの支払利息は盲点になりがち。
- **元金はダメですが利息は経費にできます。勘定科目は「利子割引料」を使います。**

消費者金融の利息も経費で落とせる

個人事業主の経費はけっこう広範囲に認められているため、中には見落とされがちなものもあります。

その最たるものが「**支払利息**」です。

支払利息というのは、お金を借りた場合や、ローンでモノを買った場合にかかる利息のことです。

個人事業主やフリーランサーというのは、事業をはじめたばかりのころはお金が足りなくて、消費者金融から借り受けたり、ローンを組んでモノを買ったりすることがけっこうありますよね。

そのときに高い利息を払わされているわけです。

借りたお金が事業に関係するものだったら、その利息を経費に入れることができます。

生活のための借金か事業の借金か

「お金は借りているけど、生活費に使ったのか、事業に使ったのか区別がつかない」

という人もいることでしょう。事業に関係する支出と生活費をごっちゃにしている人は多いですからね。

実際のところ、仕事場の家賃を払うためにお金を借りたのか、生活費の一部として食費のためにお金を借りたのかなどは、どっちとも言えないところがあります。したがって、この場合も、**家賃のときと同じように、だいたいで按分しましょう**。仕事に関係する借金がどのくらいかを概算して、その按分割合に従って利息を経費に入れるのです。

もしそれもわからなければ**6割程度を経費に計上しておきましょう**。たとえば、消費者金融から100万円のお金を借りていて、年間の利息が18万円だったとします。18万円の6割なので、10万8000円を事業に関係する支払利息とみなして経費に計上します。

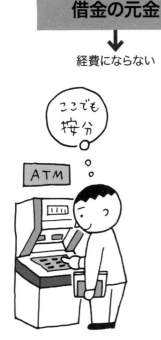

借金の元金	利息
↓	↓
経費にならない	その年分の利息を経費にできる

事業用	私用

↓

仕事のためのお金か、プライベートのためのお金か区別がつかないときは、だいたいで按分して経費計上

青色申告決算書や収支内訳書では、「利子割引料」という勘定科目を使う

青色申告決算書 ➜ 243ページ

つぶやき

借金がある人は、利息を経費に計上できないか忘れずにチェックするようにしましょう。勘定科目は「利子割引料」を使います。

09 経費を大きく膨らませるには旅費交通費を使え！

- 「アレンジされた旅行」で経費を増やすことができます。
- 典型的な出張でなくても、視察や調査などの体裁を整えれば旅費交通費で落とせます。

旅行を出張にアレンジする

経費を大きく膨らませる方法に、「旅費交通費を使う」手があります。「**旅費交通費**」というのは、文字通り、旅行をしたり、どこかに移動したときにかかった費用のことです。

といっても、何の制約もない自由な旅行費用を経費にできるわけではありません。当然ながら条件があります。

その条件とは、「**事業に関係のある旅行**」であることです。つまり、**旅行を事業に関係があるようにアレンジしてしまえば立派に経費として計上できる**、ということです。

旅行の中で事業に関する視察を行うとか、仕事関係者との打ち合わせをセッティングするとか、商品開発調査を行うとか、そういった予定を組み込めばいいわけです。

視察旅行の範囲はかなり広い

視察旅行などの範囲は、けっこう広いものです。

仕事に関係する情報は世界中にありますからね。それと結びつけて「仕事での旅行」という建前にするんです。

たとえばネットで商品を販売する事業なら、東南アジアに行って、「新たにネットで販売できる、現地由来の商品がないかどうかリサーチを行った」ということにすればいいんです。

ということにすればいい、ではなくて、実際に、そういう調査をしてくるんです。

仕事2割、旅行8割くらいでは危険

気をつけなくてはいけないのは、**あくまで「仕事の旅行」という体を崩さない**ことです。

仕事で行く旅行なので、足を運んだ土地や施設について調査レポートなどを作っておいたほうがいいでしょう。

また、日程のほとんどが観光地めぐりなどとなるとやはりマズいので、日程の半分以上は仕事に関する用件を入れるようにしましょう。

つぶやき

ビジネスで行くという建前は守らないといけません。そこから外れるような豪勢な旅行は、さすがに目をつけられます。

10 個人事業主は「福利厚生」の経費を使える?

- [ ] 「福利厚生費」を使いこなせると経費の幅が大きく広がります。
- [ ] **個人事業主自身とその家族には、福利厚生費は使わないほうが無難です。**

「福利厚生費」はグレーゾーン

会社の会計である企業会計には、**「福利厚生費」**という経費があります。これは、従業員の福利・厚生のための支出です。

会費補助　チケット支給　レジャー費補助

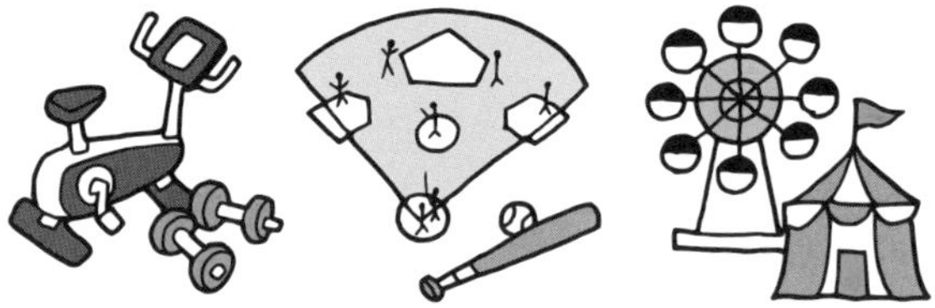

福利厚生費の主な条件

❶ 社会通念上、福利厚生として妥当
❷ 経済的利益が著しく高くない
❸ 一部の従業員のみではなく従業員全体が享受できる

どこの会社でも、多かれ少なかれやっていることですね。

この福利厚生費を個人事業主やフリーランサーも使えるとなれば、経費の幅はグンと広がります。

果たして、個人事業主は福利厚生費を使えるのでしょうか？

その答えはグレーです。

国税庁では、「１人（もしくは家族だけ）でやっている個人事業主の福利厚生費は必要経費と認められない」という指導を行っているようです。しかし、この国税庁の指導は、じつは法的には明確な根拠がありません。

国税庁は、**「福利厚生費は家事消費に含まれ、事業の経費とは認められない」**と主張しているようですが、**所得税法では福利厚生の定義さえ明らかになっていないのです。**

法律で明らかになっていないにもかかわらず、福利厚生費はすべて家事消費に含めるという無茶な解釈をしています。家事消費だから、必要経費にはできない、と。「家事消費」は、商売用の商品を事業主が自分で消費することを言います。「自家消費」と同じ意味の言葉です。

税金について承服できないときに訴え出ることができる機関として国税不服審判所というものがありますが、この国税不服審判所の裁決でも、**個人事業主の福利厚生費は頭ごなしには否定されておらず、個別に社会通念に照らして妥当かどうかが判断されています。**

また、当の国税庁も、個人タクシーの福利厚生関係の会費を必要経費に含めていいという通知をしています。なんだか矛盾していないでしょうか。

家族以外の従業員への福利厚生費なら普通に使える

現在のところは、事業主自身や事業主の家族に対する福利厚生費は使わないほうが無難だと言えますが、**家族以外に従業員を雇っている事業主なら、その従業員に対する福利厚生費は大手を振って使えます。**

福利厚生費というのは、どの程度までなら経費と認められるかという明確な線引きはなく、「**社会通念上、認められる範囲**」ということになっています。家族以外は数人の従業員がいるだけという小所帯でも、一部の従業員だけが享受できるのではなく、従業員みんなが享受できるという福利厚生の原則を守っていれば、大企業が行っているようなスポーツジムの会費補助やレジャー費用などの補助は問題なく認められます。

つぶやき

税の世界では「社会通念」という考え方が大きなポイントになります。現在は認められなくても、議論が進めば、国税庁は個人事業主の福利厚生費を認めるようになるかもしれません。

11 減価償却ってなんだ?

- 減価償却は言葉の響きが難しいだけで、仕組み自体は簡単。
- **減価償却をマスターできれば会計にも目配りできるようになり、節税の幅が広がります。**

減価償却の食わず嫌いはもったいない!

「**減価償却**」って会計用語を、ときどき耳にしますよね?

でも、経理初心者にはあまりなじみがない。経理を自分でなんとかしようとする人にとって、一番わかりにくいのが減価償却と言えるかもしれません。

でも、実際のところ、**減価償却はそう難しいものではありません**。

個人事業主やフリーランサーにとって、普段は減価償却はあまり関係ないかもしれませんが、仕事用に車を買ったときや、仕事場としてマンションを買ったときなどには必要になりますので、できるだけ簡単に説明したいと思います。

減価償却というのは、「何年にもわたって使う高額なもの」を購入したとき、買った年に経費を一括計上するのではなく、耐用年数に応じて経費化することです。

たとえば、10年の耐用年数がある100万円の機械を買った場合なら、1年間に10万円ずつ、10年間にわたって経費計上していきます。

この計上された費用のことを「**減価償却費**」と言います。また、仕事で購入した10万円以上のもの(机や椅子、パソコン、自動車など)を、「**(有形)固定資産**」と言います。

減価償却するのは、取得価額が10万円以上の固定資産です。10万円未満のものを購入した場合は、全額をその年の経費に計上します。 白色申告の減価償却 → 89ページ

一方、取得価額が10万円以上 20万円未満のものを購入した場合は、減

価償却をしないで、使用した年から３年間にわたり、その取得価額の$\frac{1}{3}$相当額ずつを必要経費とすることもできます（89ページで説明した「一括償却資産」）。減価償却は、本当はもっと複雑な計算を要しますが、仕組みとしてはこういうことです。

減価償却の対象になる資産

有形固定資産	無形固定資産
建物、車両運搬具、器具備品、機械装置……etc.	ソフトウェア、特許権、商標権、実用新案権……etc.

減価償却というのは、事業を行っている限りは避けて通れないものです。

しかしながら、経理が苦手な個人事業主やフリーランサーの中には、減価償却を無理やりやりすごそうとする人もいます。たとえば、筆者が税務署員をしていたとき、軽自動車を購入した個人事業主の人が、購入費の全額を「交通費」に計上していたなんてことがありました。もちろん、これは明らかな誤りなので修正してもらうことになりましたが。

また逆に、減価償却ができないばかりに、車などを購入しても経費に一切反映させていない人もいました。**そういうのは、とっても損な話です。**

減価償却はちょっととっつきにくさがありますが、よくよく聞いてみればそれほど難しいものでないことがわかるはずです。少しだけ頑張って、ぜひ身につけてください。

つぶやき

固定資産の取得価額は、本体の購入代金だけではありません。配送料金や設置料金などが一緒にかかった場合、それらの費用を購入代金に合計して取得価額とします。

12 減価償却には定額法と定率法がある

- [ ] **2つのやり方の特徴を押さえて、うまく使いこなせるとベストです。**
- [ ] 定率法をするには税務署への届出が必要です。

定額法と定率法

減価償却の具体的な方法を説明します。

減価償却の方法には、「**定額法**」と「**定率法**」の２種類があります。「定額法」は、耐用年数に応じて「毎年同じ額だけ」の減価償却費を計上していきます。「定率法」は、資産の残存価額に一定の率を掛けて、毎年の減価償却費を計上していきます。

定額法は毎年同じ額を減価償却するのに対し、定率法は最初のうちは減価償却の額が多く、だんだん少なくなっていくという特徴があります。したがって、**早めに多くの減価償却費を計上したい場合は定率法を選ぶべき**、となります。

定額法にするか定率法にするかは、事業者が自分で選択することができます（不動産は定額法のみ）。

定率法にしたい場合は、確定申告書の提出期限までに税務署に届出書を出さなくてはいけません。 償却方法の届出書 ➜ 181ページ 届出を出さなかった場合は、自動的に定額法になります。

減価償却の基本「定額法」とは？

「定額法」を使って、減価償却の計算を説明していきます。

定額法の計算は次のように行います。

取得価額 × 償却率 × $\frac{\text{使用した月数}}{12}$ ＝ **その年の減価償却費**

たとえば、７月に120万円の自動車を購入し、この自動車を仕事とプライベートで半々ずつ使っているとします。

車（普通車）の耐用年数は６年と決められています。120万円を６年間に按分して経費化することになります。

定額法で、耐用年数６年の場合、償却率は0.167となります（資産ごとの耐用年数と、定額法の償却率を102 ～ 103ページにまとめています）。

したがって、次の式で計算します。

120万円 × 0.167 ＝ 20万400円

仕事とプライベートで半々で使用しているので、経費も半分だけ計上します。

この例の場合は、20万400円の半分で10万200円が１年間の減価償却費ということになります。よって10万200円を、６年間にわたって減価償却費として計上していくことになります。

ただし、**資産を新たに買った年は、使った期間で按分しなくてはいけません**。この例では７月に買っているので、半年分（$\frac{6}{12}$）の使用となり、５万100円が車を買った年の減価償却費となります。２～６年目の減価償却費は10万200円です。最後の７年目は、１年目と同様に半年分となるので、減価償却費は５万100円になります。

同じ率を掛けていく「定率法」とは？

「定率法」は、毎年、資産の残存価額に同じ率を掛けて減価償却費を算出します。式にすると次の通りです。

残存価額 × 償却率 × $\frac{使用した月数}{12}$ ＝ その年の減価償却費

定額法と違うところは、定額法はその資産の「取得価額」に償却率を掛けるのに対して、定率法はその資産の「残存価額」に償却率を掛ける点です。

定額法の償却率は「1÷耐用年数」で求められる

資産ごとの耐用年数と、定額法の償却率
(平成19年4月1日以後に取得した減価償却資産の場合)

構造・用途	細目	耐用年数	定額法の償却率
建物			
木造・合成樹脂	事務所用	24年	0.042
	店舗用	22年	0.046
	飲食店用	20年	0.050
木骨モルタル造	事務所用	22年	0.046
	店舗用	20年	0.050
	飲食店用	19年	0.053
鉄骨鉄筋コンクリート造・鉄筋コンクリート造	事務所用	50年	0.020
	飲食店用(延べ面積のうちに占める木造内装部分の割合が30%以上のもの)	34年	0.030
	飲食店用(延べ面積のうちに占める木造内装部分の割合が30%以下のもの)	41年	0.025
	店舗用	39年	0.026
れんが造・石造・ブロック造	事務所用	41年	0.025
	店舗用	38年	0.027
	飲食店用	38年	0.027
金属造(骨格材の厚さが4ミリ以上)	事務所用	38年	0.027
	店舗用	34年	0.030
	飲食店用	31年	0.033
金属造(骨格材の厚さが3ミリ以上、4ミリ以下)	事務所用	30年	0.034
	店舗用	27年	0.038
	飲食店用	25年	0.040
金属造(骨格材の厚さが3ミリ以下)	事務所用	22年	0.046
	店舗用	19年	0.053
	飲食店用	19年	0.053
車両			
自動車(一般用。特殊自動車、運送事業用など以外のもの)	小型車(総排気量が0.66リットル以下のもの)	4年	0.250
	貨物自動車(ダンプ式)	4年	0.250
	報道通信用のもの	5年	0.200
	その他	6年	0.167
	2輪・3輪自動車	3年	0.334
	自転車	2年	0.500

器具・備品			
家具、電気機器、ガス機器、家庭用品	事務机、事務椅子、キャビネット		
	主として金属製のもの	15年	0.067
	その他のもの	8年	0.125
	応接セット		
	接客業用のもの	5年	0.200
	その他のもの	8年	0.125
	児童用机、椅子	5年	0.200
	ラジオ・テレビ・テープレコーダー、その他の音響機器	5年	0.200
	冷暖房用機器	6年	0.167
	電気冷蔵庫、電気洗濯機、その他これらに類する電気・ガス機器	6年	0.167
	カーテン、座布団、寝具、丹前、その他これらに類する繊維製品	3年	0.334
	絨毯、その他の床用敷物		
	小売業用・接客業用・放送用など	3年	0.334
	その他のもの	6年	0.167
	室内装飾品		
	主として金属製のもの	15年	0.067
	その他のもの	8年	0.125
	食事・厨房用品		
	陶磁器製・ガラス製のもの	2年	0.500
	その他のもの	5年	0.200
容器、金庫	金庫		
	手提げ金庫	5年	0.200
	その他のもの	20年	0.050
事務機器、通信機器	パソコン（サーバー用のものを除く）	4年	0.250
	複写機、計算機（電子計算機を除く）、金銭登録機、タイムレコーダー、その他これらに類するもの	5年	0.200
	ファクシミリ	5年	0.200
	その他の事務機器	5年	0.200
時計、光学機器、看板・広告器具	時計	10年	0.100
	カメラ、映画撮影機、映写機、望遠鏡	5年	0.200
	看板、ネオンサイン	3年	0.334
	理容・美容機器	5年	0.200

残存価額というのは、その資産から減価償却された金額を差し引いた価額のことです。残存価額は年を経るごとに減っていきます。つまり、**定率法は年を経るごとに減価償却費が減っていくのです**。一方、**定額法は毎年同じ減価償却費**になります。

先ほどの120万円の車を例にとって説明しましょう。

車の耐用年数は６年と決められており、その場合の定率法での償却率は0.333になります。 定率法の償却率 ➜ 105ページ

したがって、最初の年は120万円×0.333で、39万9600円が減価償却費になります。

また仕事とプライベート半々で車を使っているので、経費は半分だけ計上します。39万9600円の半分で、19万9800円が１年間の減価償却費となります。

資産を新たに買った年には使った期間で按分しなくてはいけませんので、７月に買ったとすれば半年分（$\frac{6}{12}$）の使用となり、９万9900円が車を買った年の減価償却費になります。そして車の価額から、１年目の減価償却費（仕事分とプライベート分を合わせた額）を差し引いた金額が、車の残存価額になります。

次の年は、車の残存価額100万200円（120万円－前年の減価償却費19万9800円）に、償却率0.333を掛けた33万3067円が減価償却費になります。これを仕事の割合50％で按分した額が、この年の経費算入金額になります。

同様にして、翌年以降も計算していきます。

しかしながら、定率法は、残存価額に償却率を掛けて算出するので、いつまで経ってもゼロにはなりません。

よって、定率法には「**保証率**」というものがあり、減価償却費が、取得価額×保証率で求める償却保証額を下回った場合は、「**改定償却率**」を使って償却します。

耐用年数６年の場合の保証率は0.09911となっていますので、120万円×0.09911で、減価償却費が11万8932円を下回った場合は、その年から改定償却率を使って、毎年同じ金額を償却することになります。同じ金額を償却することを「**均等償却**」と言います。

定率法で減価償却したい場合は、税務署に「所得税の減価償却資産の償却方法の届出書」を提出する。未提出の場合は定額法になる。

定額法の計算式

取得価額 × 定額法の償却率 × $\frac{使用した月数}{12}$ ＝ その年の減価償却費

定率法の計算式

残存価額 × 定率法の償却率 × $\frac{使用した月数}{12}$ ＝ その年の減価償却費

※定率法では、「その年の減価償却費」が償却保証額を下回った場合は改定償却率を使って償却します。

定率法の償却率、改定償却率、保証率
（平成24年4月1日以後に取得した減価償却資産の場合）

耐用年数	償却率	改定償却率	保証率
2年	1.000	―	―
3年	0.667	1.000	0.11089
4年	0.500	1.000	0.12499
5年	0.400	0.500	0.10800
6年	0.333	0.334	0.09911
7年	0.286	0.334	0.08680
8年	0.250	0.334	0.07909
9年	0.222	0.250	0.07126
10年	0.200	0.250	0.06552
11年	0.182	0.200	0.05992
12年	0.167	0.200	0.05566
13年	0.154	0.167	0.05180
14年	0.143	0.167	0.04854
15年	0.133	0.143	0.04565
16年	0.125	0.143	0.04294
17年	0.118	0.125	0.04038
18年	0.111	0.112	0.03884
19年	0.105	0.112	0.03693
20年	0.100	0.112	0.03486

つぶやき

使用期間の按分は、日数計算まではしなくてOKです。月の途中で減価償却資産を購入した場合は、その月を1カ月分とみなして計算します。

13 中古車を買って節税する方法

☐「高い中古車を買うと節税になる」と言われますが、それには理由があります。

☐ **「4年落ち」+「外車」+「耐用年数2年」がキーワード。**

1年で数百万円の経費計上も！

個人事業主、フリーランサーにとって、もっとも減価償却に接する機会となるのは車かもしれません。**車を購入するとき、中古車を選べば、非常に効果的な節税になります。**

「**中古資産の耐用年数**」は、次のようになります。

法定耐用年数 − 経過年数 + 経過年数 × 20%　　※端数は切り捨て

たとえば４年経過した中古車の場合、法定耐用年数は６年で、経過年数が４年なので、

法定耐用年数6年 − 経過年数4年 + 経過年数4年 × 20% = 耐用年数2年

となります。したがって、４年経過の中古車は耐用年数が２年です。**中古資産の耐用年数は最短で２年となっており、経過年数が４年より長かったとしても、耐用年数はこれ以上短くなりません。**よって、**４年以上経過した中古車が耐用年数が最短となる**わけです。

耐用年数が２年なら、定額法で計算しても、１年間に取得価額の半分を減価償却費として計上できます。定率法では、耐用年数２年の場合は償却率が1.000です。つまり、**取得価額の100%を減価償却できることになります。**

たとえば４年落ちの200万円の外車を買った場合、定率法をとっていれば償却率は1.000なので、計算式は次の通りになります。

200万円 × 1.000 = 200万円

もし7月に買ったとしても、半分の100万円を減価償却費として計上できるのです。**事業が好調で経費を一気に計上したい、というときには、4年落ちの外車などはうってつけのアイテム**となります。

一方で、もう車は持っているという人も多いでしょう。その場合は、車を事業用資産に組み入れて減価償却する方法もあります。

それには、車（固定資産）の未償却残高を算出します。この算出は、購入時期がいつであっても、固定資産の本来の耐用年数を1.5倍にして旧定額法を用いて行います。計算例を見てもらったほうが早いので、２年５カ月前に200万円で購入した自動車を例にして説明します。自動車の耐用年数は６年ですから、これを1.5倍すると９年になります。旧定額法は取得価額の90%に償却率を掛けて算出するルールになっています。耐用年数９年の旧定額法での償却率は0.111です。この車は２年５カ月使用していますが、６カ月に満たない部分は切り捨てて「２年」使用しているとみなします（６カ月以上の場合は切り上げます）。

200万円 × 90% × 旧定額法の償却率0.111 × 2年分 ＝ **減価償却費39万9600円**

200万円 − **減価償却費39万9600円** ＝ **160万400円**

160万400円が、事業用資産に組み入れた時点での車の取得価額（未償却残高）になります。この160万400円を取得価額として減価償却していけばいいのです。

つぶやき

4年落ちの外車は価格が高い上に、耐用年数がわずか2年。がっつり経費を計上したいときに重宝します。

リフォームも節税アイテム

Dealer
カッコよさそうな外車がいっぱい♪
でもクルマ乗らないし～
てへっ
クルマ以外でいい感じで節税できる方法ってありますか?
交際費のことは前にお話ししましたよね
少しでも仕事に関係があればOK
今年好調だったのなら仕事場の修繕などしてみては?
失礼ながら、だいぶ…いえ、それなりにお古いようなので
ぷっ

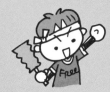

どうせ オンボロですよ！
壁とかボロボロだし
でも
修繕したり
すれば
固定資産に
なっちゃうんじゃ
ないですか
？
確かに修繕することで資産価値が
アップするような場合は、固定
資産に計上して減価償却
しなければいけません
全面床暖房にしてしまうとか
ポカポカ
それなら、あんまり
今年の節税には
ならないじゃ
ないですか！
ぶー
そうとも言えません。60万円未満の
修繕の場合は、資産価値がアップ
しても一括して修繕費として計上
できます。また原状回復までの費用で
あればいくらかかったとしても
一括で経費計上
できるん
ですよ
60万円未満
修繕
原状回復
費用
原状回復は、古くなった壁紙の張り替えやフローリングの
クリーニングなども含みます。
儲かった年にはいろんな
ところを修繕してみる
のも手ですよ
お〜〜っ！
そんな
方法が!!

Part2のフリカエリ

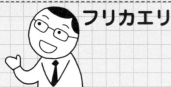

事業所得が減れば、税金も減る。事業所得を減らす方法は、「売上を減らすか」「経費を増やすか」の2つ。

経費として認められるかどうかは、金額の多寡ではなく、「事業に関係する支出」であるかどうか。

家賃などプライベートと事業の線引きが難しいものは、（例外もあるが）支出の6割を経費計上の目安と考えていい。

白色申告者には専従者控除が認められている。支払う給料のうち、配偶者なら年間86万円、他の親族なら年間50万円を上限に経費にできる。

個人事業主、フリーランサーには接待交際費の限度額がない。原則として交際費はいくら使っても経費にすることができる。

早めに減価償却費をたくさん計上したければ定率法。定率法は税務署への届出が必要。届出を出さないと定額法になる。

「4年落ちの外車」の節税効果が高いのは、元の価格が高い上に、耐用年数が2年と短いから。

Part 3

所得控除を使い倒そう

経費を積み上げるだけでなく、
「所得控除」をうまく活用することでも税金は安くなる。
所得控除には、あまり知られていないけれど
じつは「使える」ものがたくさんある!
住宅ローン控除と合わせてグーンと節税!

01 所得控除を増やして税金を減らそう!

- 「所得控除」を増やすことでも税金は安くなります。
- **該当する所得控除を見逃してしまっている人もいるので、チェックしてしっかり申告しよう。**

所得控除って何？

Part 2では、経費を積み上げて事業の利益を減らすことで税金を安くする方法を紹介しました。しかしながら、税金を安くする方法はそれだけではありません。

所得控除を増やして税金を少なくする、という方法もあります。

「**所得控除**」とは何でしょう？

なんだか難しそうな言葉ですね。しかし、実際は難しいことはありません。ここでもう一度、個人事業主やフリーランサーの所得税の仕組みを確認します。

これまで個人事業主、フリーランサーの事業所得（利益）は、次の式で算出すると言ってきました。

売　上　－　経　費　＝　事業所得

税金は、この事業所得に税率を掛けて算出するのではありません。**この利益（事業所得）から、さらに所得控除というものを差し引いて、その残りの額に税率を掛けるのです。**式にすれば次のようになります。

事業所得　－　所得控除　＝　課税所得

課税所得　×　税　率　＝　所得税

所得税や住民税は、事業所得から所得控除を差し引いたものに税率を掛けて算出される。

したがって、**所得控除を増やすことも、税金を安くすることになるのです。**

（売上 − 経費 − 各種所得控除）× 税率 ＝ 所得税（住民税も）

所得控除は自分で申し出て受けるもの

所得控除というのは、結婚している人や子どもが多い人、生命保険や地震保険に入っている人などの所得が減額されて税金が少なくなる制度です。

個人事業主やフリーランサーだけでなく、サラリーマンをはじめ所得税を払っている人なら誰でも同じように所得控除を受けることができます。

本書の趣旨からは少し外れるかもしれませんが、将来的には独立志望で、いまはサラリーマンをしているという人もいると思いますので、ちょっと補足しておきます。

よくサラリーマンには節税の余地がないと言われます。しかし実際は、そんなことはありません。サラリーマンでも所得控除を使えば、税金はかなり安くなるのです。

「サラリーマンの所得控除は会社が全部やってくれてるでしょ」

と思っている人も多いようですが、そうではありません。

会社がやってくれている所得控除は必要最低限のものだけです。所得控除のほとんどは、自分で申請しなければ受けられません。つまり、自分で動かなければ控除されないのです。

つぶやき

みすみす節税の機会を逃している人は多いです。本書を読んでいる独立志望のサラリーマンの方も、ぜひチェックしてください。

02 所得控除にはあまり知られていないモノもある

- [ ] 所得控除は10以上用意されています。一通り見てみましょう。
- [ ] **算入していいのかどうか、わかりにくいものもあるので注意してください。**

所得控除は全部で10以上

所得控除は、配偶者がいる人が受けられる「配偶者控除」、家族を扶養している人が受けられる「扶養控除」、支払った社会保険料の全額を控除できる「社会保険料控除」など、10以上あります。

その中には世間でほとんど知られていないものもあります。該当する人がいるのに、ほとんど使われていない所得控除もあるというわけです。

まずは、ざっくり見てみよう

1．基礎控除

所得がある人は誰でも受けられます。以前は控除額が一律で38万円でしたが改正になり、次のように所得金額に応じて決まります。所得が2,400万円以下の人は**48万円**です。

基礎控除の額

所得金額	控除額
2,400万円以下	48万円
2,400万円超～2,450万円以下	32万円
2,450万円超～2,500万円以下	16万円
2,500万円超	0円

2．配偶者控除

3．配偶者特別控除

配偶者控除は、配偶者を扶養している人が受けられる控除です。この控除には、扶養する配偶者のパート収入などが103万円以下という条件があります。

配偶者特別控除は、扶養する配偶者のパート収入などが103万円を超えているために配偶者控除を受けられない人が受けられる控除です。扶養している配偶者の所得に応じて、段階的に控除額が引き下げられます。

配偶者控除、配偶者特別控除では、よく「夫」「妻」という言い方をしますが、「配偶者控除を受けるのは夫」「配偶者控除の対象になるのは妻」という縛りはありません。配偶者を扶養する人、配偶者に扶養されている人は、それぞれ夫でも妻でもどちらでもいいのです。配偶者を扶養する人が、配偶者控除を受ける人です。

配偶者控除は、夫（もしくは妻。控除を受ける人）の合計所得が900万円を超えると、配偶者控除の額が段階的に引き下げられます。

次の表のように、合計所得金額が900万円から50万円増えるごとに配偶者控除の額が引き下げられ、1,000万円を超えるとゼロになります。

配偶者控除の額

夫（もしくは妻。配偶者控除を受ける人）の合計所得金額	一般の控除額	老人控除対象配偶者の控除額
900万円以下	38万円	48万円
900万円超 ～ 950万円以下	26万円	32万円
950万円超 ～ 1,000万円以下	13万円	16万円
1,000万円超	0円	0円

※配偶者の年齢が、その年12月31日現在で70歳以上だと、老人控除対象配偶者となる。

配偶者特別控除は、扶養する配偶者の所得が48万円を超えても133万円以下までは一定の控除が受けられるものです。夫（もしくは妻）の合計所得が900万円以下の場合、配偶者の所得95万円以下までは**38万円**全額が控除され、95万円超から133万円以下までは段階的に控除額が減少していきます。

パート収入の場合は、103万円を超えて201万6000円未満まで控除が受けられます。

そして、夫（もしくは妻。控除を受ける人）の合計所得金額に応じても段階的に控除額が引き下げられます。そのため計算方法が若干複雑になっています。配偶者特別控除の額は、次の表のようになります。

配偶者特別控除の額

妻の合計所得＼夫の合計所得	900万円以下	900万円超～950万円以下	950万円超～1,000万円以下	1,000万円超
48万円超～95万円以下	38万円	26万円	13万円	0円
95万円超～100万円以下	36万円	24万円	12万円	0円
100万円超～105万円以下	31万円	21万円	11万円	0円
105万円超～110万円以下	26万円	18万円	9万円	0円
110万円超～115万円以下	21万円	14万円	7万円	0円
115万円超～120万円以下	16万円	11万円	6万円	0円
120万円超～125万円以下	11万円	8万円	4万円	0円
125万円超～130万円以下	6万円	4万円	2万円	0円
130万円超～133万円以下	3万円	2万円	1万円	0円
133万円超	0円	0円	0円	0円

※「夫の合計所得」は、配偶者特別控除を受ける人の合計所得のことです。妻のほうが収入が高く、夫を扶養しているような場合は「妻の合計所得」となります。

※「妻の合計所得」は、配偶者特別控除の対象となる人の合計所得のことです。夫が妻から扶養され、妻が配偶者特別控除を受けている場合は「夫の合計所得」となります。

※合計所得とは、その人が受け取っている事業所得、給与所得、不動産所得など、すべての所得を合計したものです。

ここで注意しなければならないのは、配偶者特別控除を受けられても、その対象の配偶者自身に税金がかかってくることもある点です。

主婦などのパートの場合、パート収入が103万円を超えると、そのパート収入自体に税金がかかってきます。妻のパート収入が103万円超・201万6000円未満の場合、夫は配偶者特別控除を受けられるけれど、妻は自分で税金を払わなければならない、という事態になることもあるのです。

パート収入のある妻の税金関係（夫の合計所得が900万円以下の場合）

妻の年収	夫の配偶者控除	夫の配偶者特別控除	妻の税金
103万円以下	全額（38万円）受けられる	なし	かからない
103万円超～150万円以下	なし	全額（38万円）受けられる	かかる可能性あり
150万円超～201万6000円未満	なし	妻の収入に応じて段階的に少なくなる	かかる可能性あり
201万6000円以上	なし	なし	かかる可能性あり

※上記は夫の合計所得が900万円以下の場合。夫の合計所得が900万円を超えると配偶者控除、配偶者特別控除は段階的に少なくなり、1,000万円を超えるとゼロになります。

4．扶養控除

扶養している16歳以上の家族（親族）がいる人が受けられるものです。

控除額は、扶養親族１人あたり**38万円**です。19歳以上 23歳未満の扶養親族では**63万円**、70歳以上の扶養親族では**48万円**、70歳以上の同居老親では**58万円**になります。

扶養の対象になる親族は、年間所得が48万円以下で、６親等以内の血族か３親等以内の姻族です。

5．雑損控除

災害、盗難、横領で、生活上の資産に被害があった場合に受けられます。

生活上の資産が対象のため、事業用の資産では受けられません。事業用の資産が被害にあった場合には事業の損失として計上します。具体的には

「特別損失」という勘定科目で経費に計上します。

雑損控除で控除できるのは、次のうちいずれか多いほうの額です。

- **損失額 − 所得金額の $\frac{1}{10}$**
- **災害関連支出 − 5万円**

災害には害虫被害も含まれます。シロアリ退治や豪雪地で雪下ろしをした場合の費用も雑損控除の対象になります。最近ではスズメバチが民家に巣を作っていることも多いようですが、その駆除費用も該当します。さらに、財布をスラれたような場合も盗難被害に該当します。

ただし、詐欺や恐喝による被害は対象外です。財布を落とした、スマホをなくしたというような紛失も対象になりません。

6．医療費控除

１年間に支払った医療費が10万円以上か、所得金額の５％以上になった人が受けられます。

控除できる額は、**医療費−10万円か、医療費−所得金額の５％** です。

対象となる医療費は、実際に支払った金額だけで、生命保険の入院給付金、健康保険の高額療養費、出産育児一時金などを受け取った場合は、それを医療費から差し引きます。

「悪いところを治す」という目的のものであれば、マッサージ、鍼灸などへの通院費用も医療費に含めることができます。

また、子どもの歯の矯正費用も医療費に含めることができます。大人になったら歯の矯正は美容のためとみなされますが、子どもの歯の矯正は治療のためと解釈されるからです。

7．社会保険料控除

健康保険、年金などの社会保険料を１年間払った人は、その**全額**を控除できます。

8．小規模企業共済等掛金控除

小規模企業共済や個人型の確定拠出年金（iDeCo〔イデコ〕）、心身障害者扶養共済に加入している場合、その掛金の**全額**を控除できます。これは、Part 4で詳しく紹介します。

9．生命保険料控除

生命保険や民間の個人年金に加入している場合、**一定の金額**を控除できます。

10．地震保険料控除

地震、噴火のほか、津波を原因とする火災、損壊などによる損害を補う保険に加入している場合に受けられる控除です。控除額は、**5万円を限度に支払保険料の全額**です。

これは損害保険料控除が廃止され、その代わりに作られた控除です。損害保険料控除は控除額が最高で1万5000円で、少ないからと無視していた人も多かったようです。地震保険料控除は**最高5万円**ですからバカにできません。地震保険に入っている人は必ず受けましょう。

11．寄付金控除

国や地方公共団体、認定NPO法人、学校などに寄付をした場合に受けることができます。

控除できる額は、**寄付金額 －2,000円**です。

いくら寄付をしても控除されるわけではなく、控除の対象となる寄付は所得の40%まで、という制限があります。

母校への寄付も対象になる場合があります。母校に寄付をした人は、寄付金控除の対象になるかどうか学校の事務局に確認してみるといいでしょう。母校で記念行事があるときや部活動が全国大会に出たときなどは寄付を求められることがあります。そのようなときは寄付金控除を受けましょう。

12. 障害者控除

自分自身や扶養の対象になる親族が障害者の場合に受けられます。控除額は障害者が**27万円**、特別障害者が**40万円**、同居特別障害者が**75万円**です。

13. ひとり親控除、寡婦控除

ひとり親控除は、配偶者と死別もしくは離婚して、扶養すべき子どもがいる人で（男性でも女性でも可）、所得が500万円以下の人が受けられます。控除額は**35万円**です。

寡婦控除は、夫と死別、離婚した女性で、扶養している親族がいる人、もしくは夫と死別、離婚した女性で、所得が500万円以下の人が受けられます。控除額は**27万円**です。

また、未婚のシングルマザー、シングルファザーも、所得が500万円以下の場合は、ひとり親控除（**35万円**）を受けることができます。

女性には寡婦控除がありますが、男性にはありません。女性のほうが配偶者と別れたあとの生活が厳しいから、という現実的な配慮なのでしょう。

14. 勤労学生控除

中学、高校、大学、もしくは指定された専門学校に通う、勤労している学生が受けられます。受け取っている給料が年間130万円以下という条件があります。控除額は**27万円**です。

つぶやき

不況のあおりで、がっつりバイトをしている学生さんも多いようです。そういう学生さんを子に持つ親御さんもいるでしょう。勤労学生控除のことを本人に教えてあげたら喜ばれるかもしれません。

所得控除は10以上。メジャーなものから知る人ぞ知るものまで、その幅はけっこう広い。

所得控除一覧

	控除名	控除を受けられる人
1	基礎控除	●所得がある人 ●控除額は所得によって段階的で、0円～ 48万円
2	配偶者控除	●パート収入などが103万円以下の配偶者がいる人 ●控除額は、控除を受ける人の所得額によって段階的で、0円～ 38万円
3	配偶者特別控除	●パート収入などが201万6000円未満の配偶者がいる人 ●控除額は、控除の対象となる人および控除を受ける人の所得額によって段階的で、0円～ 38万円
4	扶養控除	●扶養している16歳以上の家族(親族)がいる人 ●扶養親族1人あたり38万円。19歳以上 23歳未満の扶養親族は63万円。70歳以上の扶養親族は48万円。70歳以上の同居老親等は58万円
5	雑損控除	●災害、盗難、横領で、生活上の資産に損失があった人(事業用の資産は含まない) ●①損失額－所得金額の$\frac{1}{10}$ ②災害関連支出 －5万円 控除額は①・②の多いほう
6	医療費控除	●1年間に支払った医療費が、10万円以上か所得金額の5％以上になった人
7	社会保険料控除	●健康保険、年金などの社会保険料を支払った人
8	小規模企業共済等掛金控除	●小規模企業共済や個人型の確定拠出年金、心身障害者扶養共済に加入している人
9	生命保険料控除	●生命保険や民間の個人年金に加入している人
10	地震保険料控除	●地震、噴火のほか、津波を原因とする火災、損壊などによる損害を補う保険に加入している人
11	寄付金控除	●国や地方公共団体、認定NPO法人、学校などに寄付をした人
12	障害者控除	●自分自身や扶養の対象になる親族が障害者の人
13	ひとり親控除 寡婦控除	●配偶者と死別もしくは離婚して、扶養している親族や子どもがいる人。未婚のシングルマザー、シングルファザーも対象
14	勤労学生控除	●中学、高校、大学や指定された専門学校に通う勤労している学生で、年間の給料が130万円以下の人

03 税務署員が使っている扶養控除のウラ技

- [ ] **扶養控除は額が大きいのに、範囲も条件もゆるめ。**
- [ ] 同居していない親、年金をもらっている親を扶養に入れることもできます。

祖父母の兄弟でも扶養に入れられる

所得控除の中で、まず注目していただきたいのが「**扶養控除**」です。

家族を扶養控除に入れられる条件は、「**扶養していること**」「**生計を一にしていること**」「**扶養対象者の年間所得が48万円以下**」です。

しかし「扶養していること」は、税法上、具体的な定義がありません。「金銭的にいくら以上援助していれば扶養していることになる」などという条件はないのです。ですから、**面倒を見ている実態があれば「扶養していること」になります**。

また、扶養控除に入れられる家族の範囲はかなり広く、「６親等以内の血族もしくは３親等以内の姻族」となっています。６親等以内の血族ということは、自分の親族であれば、いとこの子どもや、祖父母の兄弟でも扶養に入れられるということです。もちろん、いとこの子どもや祖父母の兄弟が誰の扶養にも入っていないことが条件になりますが。

年金をもらっていても扶養に入れられることがある

扶養控除は「同居している家族だけが扶養控除の対象になる」と思われていることも多いようですが、**離れて暮らしていても、一定の要件を満たしていれば扶養親族とすることができます**。一定の要件は、先ほどの「扶養していること」「生計を一にしていること」「扶養対象者の年間所得が48万円以下」です。

扶養控除には、わざわざ「**同居老親**」という特別枠が設けられています。「同居老親」というのは、70歳以上の親と同居している場合は、通常の扶養控除に20万円上乗せの控除額（**58万円**）を認める、というものです。「同居老親に控除額の上乗せがある」ということは、逆に言えば、**別居していても扶養に入れることができる**ということです。

税務署員自身も、この扶養控除を最大限に活用しています。税務署員の周囲に誰の扶養にも入っていない親族がいる場合、その人を自分の扶養に入れているケースを筆者はいくつも見てきました。

また、親に年金収入があっても、税法上の定義で所得48万円以下とみなされ、扶養控除に入れられるケースも多々あります。具体的には、**65歳以上の人なら年金収入が158万円以下**であれば扶養に入れる条件をクリアできます。**65歳未満の人なら108万円以下**です。

つぶやき

兄弟姉妹で協力し合って親の面倒を見ているような場合もあると思います。その場合、扶養控除を使えるのは兄弟姉妹のうちの1人だけです。二重に扶養控除を受けることはできません。

配偶者控除、扶養控除が受けられなくなる…と？

専従者控除、か
＊78ページ
確定申告のウラ技
確定申告
白色申告の場合、専従者が配偶者なら86万円まで、親族なら50万円まで経費として控除できます。
青色申告だと給料として認められる額まで控除できます
81ページに、配偶者控除や扶養控除が受けられなくなるって……
どうゆうこと？
確定申告のウラ技
配偶者の合計所得金額が48万円以下（パート収入などでは103万円以下）であれば、普通は配偶者控除が受けられます。ですが、配偶者に給料を払って専従者控除の対象になっていると
配偶者控除が受けられないのです
へ〜〜
それじゃあ、もし扶養控除を受けている人なら、自分が扶養している人を専従者にしたら扶養控除が受けられなくなるってこと？
専従者
扶養控除
FREE
HAHA
そのとおり

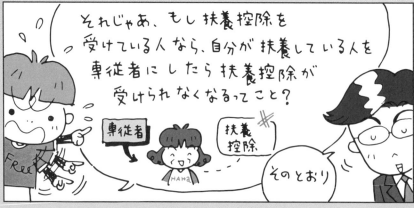

自分で選ばないと
いけないんですね
どっちがいいんだろう?
配偶者控除、
扶養控除どちらも
38万円の場合で
考えて
みましょう
●配偶者に給料を払った場合の控除額の差額
白色申告の場合…86万円－38万円＝48万円
青色申告の場合…払った給料－38万円
●扶養親族に給料を払った場合の
控除額の差額
白色申告の場合…50万円－38万円＝12万円
青色申告の場合…払った給料－38万円
配偶者控除は38万円、白色
申告の専従者控除は86万円。
専従者控除を受けたほうが
控除される額が多いからトクに
なるわけです。でも、配偶者
控除の38万円が
なくなるので、
差し引き48万円に
なる、という
ことです
青色申告では、
払った給料の額が
妥当なら払った分だけ
専従者控除が受けられます。
それで払った給料－38万円
になるわけです。
ふむふむ
そういうふうに
考えると
正確って
ことですね

04 社会保険料控除のウラ技と、意外に使える雑損控除

- [ ] **社会保険料控除は、「保険料を払っている人」が払った全額を控除できます。**
- [ ] 雑損控除は災害や盗難で生活用資産が被害を受けたときに申告。

家族の分も、しっかり控除を受けよう

１年間に支払った国民健康保険、国民年金などの社会保険料を全額、所得控除できるのが「**社会保険料控除**」です。

これにもウラ技があります。

社会保険料控除は、自分の社会保険の保険料だけでなく、扶養している親族にかかっている社会保険料も控除できる可能性があるのです。

社会保険料控除というのは、**家族の分であっても保険料を払っている人が受けられます**。したがって、扶養している親や子どもの社会保険料を支払っていれば、その分は自分が社会保険料控除を受けることができるのです。

たとえば、年金暮らしの両親の社会保険料50万円を代わりに支払っているとします。この分の社会保険料控除は、自分が受けることができます（ただし年金支給時に社会保険料が源泉徴収されている場合は除きます）。

また、フリーターをしている息子の国民年金を肩代わりしているとします。この国民年金保険料も、自分の社会保険料控除に算入することができます。

家族の分の社会保険料を自分の控除に入れるためには、日本年金機構から送られてくる社会保険料控除証明書を自分の確定申告書に添付する必要があります。普通は年末に送られてきますが、もし届いていない場合は日本年金機構に問い合わせてください。

また、社会保険料は過去の未納分であっても、**払った年に控除を受けることができます**。よって**儲かった年には、もし未納分があるなら未納分を解消するためにたくさん社会保険料を払えば、社会保険料控除の額が膨らんで効果的な節税になります**。

自然災害などで被害があったときに使える雑損控除

所得控除の中で一番忘れられがちなのが「**雑損控除**」です。雑損控除とは、**災害、盗難、横領により自分や扶養親族の所有する生活用資産に損失が生じた場合に、一定の金額をその年の所得金額から控除できる**ものです。

雑損控除の額は次のように算出します。

雑損控除の控除額の計算方法

① **損失額 － 所得金額の $\frac{1}{10}$**

② **雑損額のうち災害関連支出 － 5万円**

①・②のうち多いほうの金額が、雑損控除の額

※ここでいう雑損額とは、損失の金額から保険金などによって補填される金額を控除した金額です。

※所得金額の $\frac{1}{10}$ とは、この金額以下の損失は切り捨てということです。

つまり、被害額が所得の $\frac{1}{10}$ 以上か、災害関連支出が５万円以上か、ということです。災害関連支出というのは、被害を受けた資産を取り壊す、または除去するための支出です。

盗難などの場合は、取り壊しや除去の費用が発生することはないので、必然的に①での計算になります。また自然災害で生活用資産が損害を受けた場合は、①と②の２つを計算して、**どちらか金額が多いほうを選択することができます。**

これはおおまかに言えば、盗難などで所得の $\frac{1}{10}$ 以上の被害があれば、それを超えた分を所得から控除できるということです。

たとえば、所得500万円の人が盗難で100万円の被害にあったとします。

100万円 － 50万円（所得の $\frac{1}{10}$）＝ 50万円

したがって、50万円を雑損控除として課税対象から差し引けます。

あまり知られていないけれど活用の幅は広い

雑損控除の対象になるのは、災害、盗難、横領による損失です。よって地震や火災、風水害などによる損失は対象になります。

たとえば地震や台風、大雨などで家の一部が損壊するなどの被害が出てしまった場合。それを元に戻すための費用（原状回復費用）は、雑損控除の対象になります。

一般的に、この控除はあまり知られていません。

台風や地震の被害を受けている家庭は少なくないはずですが、きちんと雑損控除を使っている人は多くないようです。

とはいえ、これで税金が安くなるのですから使わない手はありません。

雑損控除の対象になる資産は、生活に通常必要な資産です。主に、居住用家屋や家財で、税法では「**生活に必要とされる住宅、衣類、家具などの資産**」とされています。

別荘や競走馬など趣味のために持っている不動産や動産、1個あたりの価額が30万円を超える貴金属や書画、骨董品などは対象になりません。

また**損失額が大きくて、その年の所得金額から控除しきれない場合には、翌年以後3年間の繰越控除が認められています。**台風、地震などの災害にあった場合、その年だけでなく、その後3年分の税金が安くなるということです。

なお、「自然災害などでの原状回復のための修繕」は、災害の日から1年以内に修繕したものでなければ認められません（災害の状況などやむを得ない事情があるときには3年以内まで認められます）。

シロアリ退治、害虫駆除、雪下ろし費用も雑損控除になる

雑損控除にも、覚えておいてもらいたいウラ技があります。

それは、シロアリ退治や豪雪地帯の雪下ろしの費用も対象になるということです。

シロアリ退治や雪下ろしの費用が5万円以上かかった人は、5万円を超える部分を所得から差し引けます。

雑損控除は自然災害、盗難などで被った損失のほか、害虫駆除や雪下ろしの費用なども対象になる。

シロアリなどの害虫を駆除するには、けっこうお金がかかりますよね。せっかく控除が認められているのですから、使わないのはもったいないです。害虫駆除をした人や、寒冷地で雪下ろし費用がかさんだ人は、ぜひ忘れずに申告してください。

雑損控除の確定申告のやり方は簡単です。

災害関連支出の領収書を確定申告書に添付します。また、火災の場合には消防署が発行する「罹災（りさい）証明書」、盗難の場合には警察署が発行する「被害証明書」が必要になります。

それらを添付すれば雑損控除を受けるための要件を満たします。あとは雑損控除の額を計算して申告書に反映すればOKです。

確定申告書 第一表

所得から差し引かれる金額			
社会保険料控除		⑬	
小規模企業共済等掛金控除		⑭	
生命保険料控除		⑮	
地震保険料控除		⑯	
寡婦、ひとり親控除	区分	⑰～⑱	0000
勤労学生、障害者控除		⑲～⑳	0000
配偶者（特別）控除	区分1 区分2	㉑～㉒	0000
扶養控除	区分	㉓	0000
基礎控除		㉔	0000
⑬から㉔までの計		㉕	
雑損控除		㉖	150000
医療費控除	区分	㉗	
寄附金控除		㉘	
合計（㉕＋㉖＋㉗＋㉘）		㉙	

確定申告書 第二表

○ 雑損控除に関する事項（㉖）

損害の原因		損害年月日		損害を受けた資産の種類など	
台風		6.8.1		門扉	
損害金額	300,000円	保険金などで補填される金額	100,000円	差引損失額のうち災害関連支出の金額	200,000円

○ 寄附金控除に関する事項（㉘）

寄附先の名称等		寄附金	円

確定申告の際、第一表に控除額を記入、第二表に損害の詳細を記入する。

つぶやき　**盗難、横領は認められるのですが、詐欺や紛失で被害を受けても、それは雑損控除の対象にはなりません。**

05 もっとも節税効果の高い生命保険の掛け方とは？

- [ ] 生命保険料控除は3種類あります。
- [ ] **3種類の控除をうまく組み合わせると節税額が大きくなり、保険のコスパもアップします。**

生命保険料控除は、やり方によって3倍になる！

「**生命保険料控除**」という言葉を聞いたことがある人は多いでしょう。

生命保険料控除は、生命保険に加入している人を対象に、一定の金額を所得から控除できるというものです。

この生命保険料控除、じつは**加入している保険によって控除額が大きく変わってきます**。生命保険料控除には種類があり、これらをうまく組み合わせれば割のいい節税ができます。生命保険料控除の種類は次の３つです。

生命保険料控除	個人年金保険料控除	介護医療保険料控除

これらの控除をすべて使えば、けっこうな節税になります。しかしながら、これらの控除を全部使っている人はそれほど多くないでしょう。

平成24年１月１日以降に締結した保険契約では、生命保険料控除（最大**４万円**）、個人年金保険料控除（最大**４万円**）、介護医療保険料控除（最大**４万円**）で、合計12万円までの控除が受けられます。

生命保険、個人年金保険、介護医療保険という３つの保険にそれぞれ一定額以上（年間８万円以上）の掛金を払っている人は、控除額がそれぞれ４万円ずつで合計12万円になります。

一方、個人年金保険、介護医療保険は未加入で普通の生命保険にしか加入していない人は、その保険料がいくらかかっていたとしても、４万円しか生命保険料控除を受けられません。所得控除の４万円と12万円の差は、通常１～２万円ほどの税金の差になるはずです。

「生命保険」「個人年金保険」「介護医療保険」の違い

生命保険料控除には、**「生命保険料控除」「個人年金保険料控除」「介護医療保険料控除」**の３つの控除があることを紹介しました。これらの控除の対象になっている保険の特徴を簡単に言うと、次のようになります。

◉ 生命保険

死亡したときや病気を患ったときに保険金がもらえるものです。もっともオーソドックスな保険です。保険の中に貯蓄部分を含んでいる生命保険もあります。

◉ 個人年金保険

公的年金とは別に、民間の保険会社に個人で加入する年金のことです。毎月一定額を積み立てることで、年を重ねたとき（60歳以上など保険によって支給開始年齢は異なります）に一定額の年金をもらえるというものです。毎月いくらずつ何年間年金をもらえる、というような保険商品です。終身年金タイプもあります。これは亡くなるまで一定の年金をもらえる保険です。

◉ 介護医療保険

介護医療保険は、公的な介護保険とは別に民間の保険会社が売り出している保険商品です。加入していれば要介護状態の条件を満たしたときに一定のお金を受け取れるというものです。

控除額が最高になる生命保険の掛け方

生命保険料控除は、掛金が年間８万円のとき、控除額が最高の４万円になります。掛金をそれ以上増やしても、控除額は４万円のままです。

よって、**生命保険の掛金は年間８万円にするのが、もっとも節税効率がよい**と言えます。保険料が年間８万円ぴったりの生命保険などはなかなかないでしょうが、だいたい８万円になるように狙っていけば最大の利益が得られるわけです。

また、**生命保険、個人年金保険、介護医療保険それぞれで掛金が年間**

8万円程度になるようにしておけば、控除額は最高限度額の12万円になります。生命保険ばかりを手厚く掛けて、他の保険には入っていないという人もいるでしょう。しかしながら、税金面も含めて考えると、それは決して上手な保険の掛け方とは言えません。

生命保険料控除額は、次の方法で算出します。

平成24年以降の所得税の生命保険料控除額（個人年金、介護医療も同じ）

年間の支払保険料の合計		控除額
2万円以下		支払金額全部
2万円を超え	4万円以下	支払金額× $\frac{1}{2}$ +1万円
4万円を超え	8万円以下	支払金額× $\frac{1}{4}$ +2万円
8万円超		一律4万円

「生命保険は掛け捨てがトク」ではない！

「生命保険は掛け捨てが有利」などと言われることがありますね。

「貯蓄部分がある生命保険は、その利率が非常に低いのでまったく意味をなさない。それよりは掛け捨ての生命保険に入って、保険料を安く抑えるほうがいい」というのが、その主な言い分です。

しかし、これは必ずしも正確ではありません。なぜなら、**生命保険掛け捨て有利論には、生命保険料控除がまったく考慮されていない**からです。

生命保険料控除は、これまで述べたように最大で12万円です。

また生命保険料控除は、所得税だけでなく住民税にもあります。住民税の場合は所得税と若干、計算式が違います。住民税分の所得控除は最大で7万円です。住民税の生命保険料控除 ➜ 133ページ

所得税分と住民税分の控除額は合計で19万円です。19万円という所得控除額は、通常の場合ならば2～3万円くらいの税金の差になります。

この生命保険料控除で安くなる税金分を考慮すると、「掛け捨ての生命保険は決して有利ではない」となります。

3つの保険を上手に組み合わせれば、トータルの保険料が年間24万円

程度で19万円の所得控除を受け、３万円程度節税することが可能です。年間24万円の生命保険で３万円も節税になるのはなかなかのものですよね。

この３万円を利息と考えれば、３÷24で年利12.5%もついていることになります。**保険商品自体の利息は少ないかもしれませんが、節税分も含めて考えれば相当に有利です**。いまどき12.5%もの利息がつく金融商品にはお目にかかれませんよね。よって、控除をフル活用できる生命保険は、貯蓄商品として非常に優れていると言っていいでしょう。

掛け捨ての月3,000円程度の生命保険でも生命保険料控除を受けられますが、節税額はせいぜい4,000～5,000円くらいです。

トータルで考えれば、**掛け捨てで保険料を抑え込むよりも、生命保険料控除が最大限になるようにうまく掛けるほうがトク**と言えます。

もちろん、生命保険に加入する際は、保険料や節税額だけでなく、保険商品本体の優位性や欠点など他のいろんな要素も加味して考えなければいけませんが、保険を考える際の１つの材料にはなるはずです。

平成24年以降の住民税の生命保険料控除額（個人年金、介護医療も同じ）

年間の支払保険料の合計		控除額
1万2000円以下		支払金額全部
1万2000円を超え	3万2000円以下	支払金額×$\frac{1}{2}$＋6,000円
3万2000円を超え	5万6000円以下	支払金額×$\frac{1}{4}$＋1万4000円
5万6000円超		一律2万8000円

※3つの保険料控除は**最大で7万円。**

つぶやき

いろんな保険に加入している人は、自分がどんな保険に入っているのか整理して、生命保険料控除が使えるのかどうか保険会社に確認してみましょう。

保険は、保険自体のコスパだけでなく、所得控除によって税金が少なくなるかどうかも計算に入れて考える。

06 地震保険料控除を忘れるな！

- 保険料が年間５万円以内なら全額控除されます。
- **これから地震保険に入る人は控除の対象になるかしっかり確認しよう。**

災害への備えをしながら税金を安くする

「**地震保険料控除**」は、10以上ある所得控除の中で、まだ新しめの所得控除です。地震大国日本の実情に照らして創設されたもので、地震保険を掛けている人は所得控除が受けられるようになりました。

とはいえ、この地震保険料控除は、世間にはあまり知られていません。おそらく「地震保険に入ったら税金が安くなる」ということを国税庁が積極的に広報していないからではないでしょうか。

地震保険料控除の額は、年間の支払保険料が５万円以内ならば全額、５万円超ならば５万円です。

生命保険料控除が最高額４万円（掛金８万円以上の場合）なので、生命保険料控除よりも地震保険料控除のほうが条件がいいと言えます。

同じ地震保険なら控除される保険のほうがいい

地震保険料控除の対象となる保険は、一定の資産を対象として地震などで損害が生じた場合に、その損害を補償する保険、または共済です。

一定の資産というのは、居住用家屋または生活に通常必要な家具、衣服などの生活用動産のことです。商売用の資産などを対象とした保険は対象外となります。

「地震保険」と称されて販売されている保険商品のだいたいのものは、地震保険料控除の対象になります。

しかしながら**中には該当しないものもありますので、新しく地震保険に加入することを考えている人は、地震保険料控除の対象になるかどうか**

必ず保険会社に確認するようにしてください。

また、現在加入している地震保険が控除対象となっているかどうかは保険会社から送られてくる証明書を見れば確認できます。わからないときは保険会社に問い合わせれば教えてもらえます。

地震保険料控除額、旧長期損害保険料控除額

区分	年間の支払保険料額	控除額
① 地震保険料	5万円以下	支払金額
	5万円超	5万円
② 旧長期損害保険料	1万円以下	支払金額
	1万円超　2万円以下	支払金額÷2+5,000円
	2万円超	1万5000円
①・② 両方加入の場合		①・②それぞれの方法で計算した金額の合計額（最高5万円）

平成18年12月31日までに契約した長期損害保険については、「**旧長期損害保険料控除**」として、上記の表の控除額を算入することができます。旧長期損害保険とは、損害保険のうち、満期返戻金があるもので、契約期間が10年以上となっている保険のことです。

つぶやき

以前は「損害保険料控除」というものがあったのですが、地震保険料控除の創設に伴って廃止されました。長期損害保険の保険料控除を受けていた人には、上記の経過措置が設けられています。

07 医療費控除は身近にある！

□ 一家の医療費を合計して10万円以上なら受けられます。
□ **「医療費」の範囲は幅広く、お金を払ったときにマメに記録していくことで控除額を増やせます。**

すぐにはじめられる医療費控除

「**医療費控除**」は、1年間に支払った医療費が一定額以上だった場合に、かかった医療費の一部を所得金額から控除できるというものです。

簡単に言えば、年間10万円以上の医療費を支払っていれば、若干の税金が差し引かれるという控除です。医療費の領収書さえ残しておけば誰でも医療費控除の申告をすることができます。したがって、控除を受けようと思えば今日からでもはじめられます。

医療費控除の対象となる医療費というのは、病院に支払った治療費、入院費などだけではなく、**通院にかかった交通費、ドラッグストアで買った市販薬、場合によってはビタミン剤、栄養ドリンクの購入費、マッサージ代なども含まれます**。また、昨今はやりの禁煙治療、ED治療などの費用も医療費控除の対象になります。

家庭がある人は、**自分ひとりの医療費だけでなく扶養親族全員分の医療費を合算して計上できます**。これらをうまく利用すれば、わりと簡単に医療費が年間10万円以上になるはずです。

医療費控除の対象になる主な費用

① **病気やケガで病院に支払った診療代や歯の治療代**
② **治療薬の購入費（医師の処方せんがない市販の治療薬も含む）**
③ **入院や通院のための交通費**
④ **あん摩マッサージ指圧師、はり師などによる施術費**
⑤ **保健師や看護師、または特に依頼した人に支払う療養の世話の費用**

⑥ 助産師による分べんの介助料
⑦ 介護保険制度を利用し、指定介護老人福祉施設においてサービスを受けたことにより支払った金額のうちの $\frac{1}{2}$ 相当額や、一定の在宅サービスを受けたことによる自己負担額に相当する金額

※この他にも医療用器具の購入費、義手や義足の購入費なども対象となります。

医療費控除の計算

医療費控除の計算は次のように行います。

その年に支払った医療費（保険金等で戻ってきた金額を差し引く）	−	10万円 ※	＝	医療費控除額（最高200万円）

※10万円または所得金額の5％のいずれか少ない金額。

たとえば、所得600万円の人がいたとします。この人（この家庭）は、年間の医療費が30万円かかったとします。この人の所得の5％は30万円です。**30万円と10万円を比較すれば10万円のほうが少ないので、10万円を計算式に残します**。よって、この人の医療費控除の計算は次のようになります。

その年に支払った医療費 30万円	−	10万円	＝	医療費控除額 20万円

課税対象となる所得から、この20万円を差し引くことができます。この20万円に税率を掛けた分の税金が減額されることになり、この人の場合だと、所得税、住民税合わせてだいたい3～4万円の節税になります。

つぶやき

税金は「所得×税率」で算出しますから、所得控除額（所得から差し引かれる額）に税率を掛ければ節税額が求められます。

“それ”のお金は医療費？

医療費控除の対象になる費用にはちょっと変わったものもあります
MEMO
市販薬
○
カゼナオール
予防、健康増進のためではなく「治療」のために買ったものが対象。医師の処方せんがなくてもOKです
ビタミン剤、栄養ドリンク
○
ビタミンドリンク
第2類医薬品
身体の調子が悪くてそれを治すために飲むもので、パッケージに医薬品と表示されているものが対象です。医薬部外品は対象外
マッサージ、鍼灸
○
身体の調子が悪くてそれを改善するための施術で、国家資格である柔道整復師、はり師、きゅう師などの施術が対象です
いたた
禁煙治療、ED治療、レーシック手術
○
いずれも治療とみなされます

人間ドック
△
異常なしの場合は対象外で、異常が見つかって治療を要するとなったら対象です
メガネ、コンタクトレンズ
×
レーシック手術はOKでも、こちらは対象外
コンタクト
交通費
○
TAXI
通院のための交通費やガソリン代も対象。バスや電車だけでなくタクシー代も、タクシーに乗る合理的な理由があればOK
子どもの歯の矯正
○
未成年の歯の矯正は治療とみなされ対象です
——と一気に紹介させてもらいました。お疲れ様でした
手が疲れた〜

08 医療費控除の申告は書類1枚でできる

□ 医療費の領収書を税務署に提出する必要はありません。
□ **領収書は自分で保管し、税務署には「医療費控除の明細書」を提出します。**

「医療費控除の明細書」を出せばいい

医療費控除の申告は、確定申告書に加えて、「医療費控除の明細書」を提出することで行います。

医療費控除の申告は、**該当する医療費の領収書を集め、それを集計するのが基本です**。領収書は、原則として5年間保管しておかなければなりません。

医療費控除の明細書には、医療機関ごとの年間の支払額と、家族の中で誰の分の医療費であるかを記載します。この医療費控除の明細書を確定申告書に添付することで医療費控除が受けられます。

領収書はどうすればいい？

領収書は添付しなくていいのですが、保管はしなくてはいけません。

事業の領収書などは保管が義務となっているわけではありませんので、場合によっては領収書がなくても経費に計上することができます。領収書の保管 → 59ページ しかし、**医療費控除の場合は、領収書の保管が義務となっています**。

ですから、**領収書がない場合は、原則として医療費控除が受けられない**ということです。ただし、**交通機関の費用など領収書がもらいにくいものについてはこの限りではありません**。鉄道など料金が明確な交通機関の領収書が手元にない場合は、利用した日付と料金を記した表などを作っておけば代用できます。タクシーの場合は、普通に領収書やレシートをもらえるので忘れずに保管するようにしましょう。

医療費控除の明細書

❶ 国民健康保険組合などから発行された「医療費のお知らせ」がある場合に記入。

❷ 本人、妻、子など医療を受けた人ごとに記入する。

❸ 病院や薬局など支払いを行った先ごとに記入する。複数回の支払いがあった場合は合計金額を記入する。かかった交通費も支払先ごとに記入する。

❹ 保険金等で戻ってきた金額は医療費から差し引く。

❺ 所得の5％か10万円か、どちらか少ないほうの額を医療費から差し引いて医療費控除額を求める。

令和 6 年分　医療費控除の明細書【内訳書】

※この控除を受ける方は、セルフメディケーション税制は受けられません。

住所　東京都新宿区市谷210-13　　氏名　江戸川橋 一郎

1 医療費通知に記載された事項

医療費通知(※)を添付する場合、右記の(1)～(3)を記入します。

※医療保険者等が発行する医療費の額等を通知する書類で、次の6項目が記載されたものをいいます。
(例：健康保険組合等が発行する「医療費のお知らせ」)
①被保険者等の氏名、②療養を受けた年月、③療養を受けた者の氏名、④療養を受けた病院・診療所・薬局等の名称、⑤被保険者等が支払った医療費の額、⑥保険者等の名称

(1) 医療費通知に記載された医療費の額（自己負担額）(注)	(2) (1)のうちその年中に実際に支払った医療費の額	(3) (2)のうち生命保険や社会保険（高額療養費など）などで補てんされる金額
円	㋐ 円	㋑ 円

(注) 医療費通知には前年支払分の医療費が記載されている場合がありますのでご注意ください。

2 医療費（上記1以外）の明細　「領収書1枚」ごとではなく、「医療を受けた方」・「病院等」ごとにまとめて記入できます。

(1) 医療を受けた方の氏名	(2) 病院・薬局などの支払先の名称	(3) 医療費の区分	(4) 支払った医療費の額	(5) (4)のうち生命保険や社会保険（高額療養費など）などで補てんされる金額
江戸川橋 一郎	〇〇クリニック	☑診療・治療	17,000円	0円
	□□デンタルクリニック	☑診療・治療	28,000	0
	△△ドラッグストア	☑医薬品購入	9,500	0
江戸川橋 花子	〇〇大学病院	☑診療・治療	170,000	110,000
	同上にかかる通院費	☑その他の医療費	8,750	0
	□□眼科クリニック	☑診療・治療	6,200	0
	××内科医院	☑診療・治療	7,680	0
	同上にかかる通院費	☑その他の医療費	1,850	0
	△△ドラッグストア	☑医薬品購入	11,350	0
		□診療・治療 □介護保険サービス □医薬品購入 □その他の医療費		
		□診療・治療 □介護保険サービス □医薬品購入 □その他の医療費		
		□診療・治療 □介護保険サービス □医薬品購入 □その他の医療費		
		□診療・治療 □介護保険サービス □医薬品購入 □その他の医療費		
		□診療・治療 □介護保険サービス □医薬品購入 □その他の医療費		
		□診療・治療 □介護保険サービス □医薬品購入 □その他の医療費		
		□診療・治療 □介護保険サービス □医薬品購入 □その他の医療費		
2 の 合 計			㋒ 260,330	㋓ 110,000

医療費の合計	A (㋐+㋒) 260,330円	B (㋑+㋓) 110,000円

3 控除額の計算

支払った医療費	(合計) 260,330円	A
保険金などで補てんされる金額	110,000	B
差引金額 (A－B)	(マイナスのときは0円) 150,330	C
所得金額の合計額	3,843,166	D
D×0.05	(赤字のときは0円) 192,158	E
Eと10万円のいずれか少ない方の金額	100,000	F
医療費控除額 (C－F)	(最高200万円、赤字のときは0円) 50,330	G

D：申告書第一表の「所得金額等」の合計欄の金額を転記します。
(注) 次の場合には、それぞれの金額を加算します。
・退職所得及び山林所得がある場合・・・その所得金額
・ほかに申告分離課税の所得がある場合・・・その所得金額（特別控除前の金額）
なお、損失申告の場合には、申告書第四表（損失申告用）の「4 繰越損失を差し引く計算」欄の㉞の金額を転記します。

G：申告書第一表の「所得から差し引かれる金額」の医療費控除欄に転記します。

05.11

この明細書は、申告書と一緒に提出してください。

「医療費控除の明細書」でネット検索すれば該当するPDFファイルが出てくる。そのPDFファイルをプリントして使ってもOK。

つぶやき　領収書の保管方法は、特に決まりなどはなく、自分がわかりやすいように保管しておけばOKです。保管期間は5年で、もし税務署から「領収書を見せてほしい」と言われたときには、5年間分はすぐに見せられる状態にしておかなくてはいけません。

もうひとつの所得控除？

カゼ薬
胃腸薬
サプリ
セルフメディケーション
税制
この前セルフなんとかって見かけました。あれって何ですか？
セルフメディケーション税制。健康増進や疾病予防のために、一定の条件を満たした薬を購入したとき、税金が安くなる制度です 令和8年までの時限的なものですけどね
薬
医療費控除とは違うんですか？
医療費控除はどこか具合が悪いときに治療するための費用が対象で、
健康増進や予防のための費用は対象外です。それに対してセルフメディケーション税制は、健康増進や疾病予防のための薬の購入費用をカバーします

じゃあ節税の幅が広がったってことですね
いままで認められなかったカゼ薬、解熱剤などの置き薬も対象になりました。ただし！セルフメディケーション税制を受けられるのは、医療機関が定めた健康診断、予防健診などを受け、スイッチ医薬品と呼ばれる薬を購入したときに限られます
むっむずかしそう…
心配しなくても薬局で説明してくれますよ。令和4年からは申告の手続きも簡素化されて使いやすくなりましたしね。で、セルフメディケーション医療の費用が1万2000円を超えた場合、その超えた部分の額が所得控除されます
費用－1万2000円＝控除額
控除額の上限は8万8000円
10万円以上かかっても控除できるのは8万8000円まで！
1万2000円以上でいいなら使いやすそう
確かにそうなんですが、じつはセルフメディケーション税制を使った場合、医療費控除が受けられないんです。医療費がかさんだときなどは医療費控除を選んだほうがいいですよ
どっちかなのか～
FRee

09 「住宅ローン控除」は見逃せない！

- [ ] **税額控除は、控除額がそのまま税金から差し引かれるので節税効果が抜群。**
- [ ] 税制改正を受けて住宅ローン控除に変更が入りました。

税額控除はパワフル

筆者は、**住宅ローン控除**を「控除の王様」と呼んでいます。住宅ローン控除は、正式には「**住宅借入金等特別控除**」と言います。

住宅ローン控除というのは、基本的に、**住宅ローン残高の0.7%が所得税から差し引かれる**制度です。

住宅ローン残高の0.7%分が、確定申告時の所得税額から差し引かれます。たとえば2,000万円の住宅ローン残高がある人なら所得税が14万円安くなります。**平均年収に近い人だと、住宅ローン控除によって所得税がゼロになってしまうことも多いのです**。この住宅ローン控除、筆者は所得税の控除の中ではもっとも節税効果が高いと思っています。なぜそれほど節税効果が高いのかというと、住宅ローン控除が「**税額控除**」だからです。

これまで紹介してきた「所得控除」というのは、税金の元になる所得を減額する制度です。たとえば配偶者控除であれば、税金の元になる所得が最大で38万円減額されます。 配偶者控除の額 ➜ 115ページ **所得が38万円減額されても、税金が38万円減るわけではありません**。

税金というのは、所得に税率を掛けて算出されるので、所得が38万円減額されれば、それに税率を掛けた分だけ税金が安くなります。つまり、税率10%の人ならば、所得が38万円減額されると３万8000円だけ税金が安くなるということです。

一方で、「税額控除」はそうではありません。**税額控除は、額面がそのまま節税額になるのです**。たとえば住宅ローン控除で20万円の控除が受けられる人なら、**税率は関係なく、20万円税金が安くなります**。

所得控除と税額控除の違い

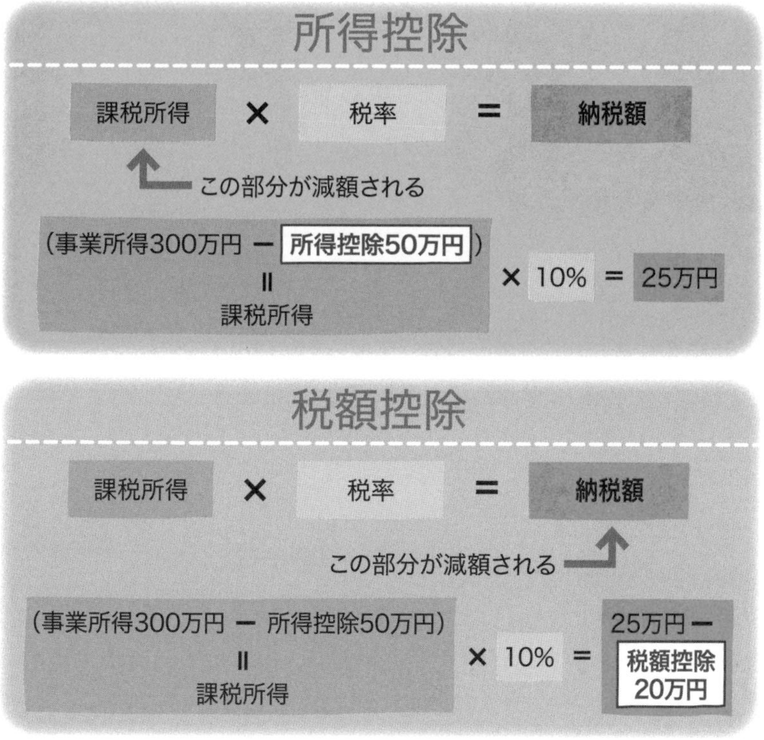

住宅ローン控除は時限的なもので、令和７年12月までに入居した住宅が対象となっています。もっとも各方面に影響が大きい制度のため、今後延長される可能性もあります。

住宅ローン控除の手続きは簡単

住宅ローン控除は強力でありながら、その手続きは簡単です。

住宅ローン控除は、控除を受ける１年目の確定申告では必要書類を揃えて税務署に提出しなければいけませんが、２年目以降の確定申告では、税務署から送られてくる「(特定増改築等)住宅借入金等特別控除額の計算明細書」と、借入をした金融機関から送られてくる「住宅ローンの年末残高証明書」を確定申告書に添付すれば控除が受けられます。

最初の年の確定申告も、必要書類を持参して税務署に足を運べば、税務署員が申告書の書き方を教えてくれます。**住宅ローン控除は、ローン残高に応じて控除額が自動的に決まるので、税務署員と見解の相違が起こる余地がありません**。よって、安心して税務署員に相談することができます。

住宅ローン控除の計算式

年末時点での住宅ローン残高 × 控除率 0.7% ＝ 控除額

最大控除額（新築の省エネ基準適合住宅の場合）

借入金 年末残高限度額 3,000万円 × 控除率 0.7% × 控除期間 10年 ＋ 11年目～13年目 63万円 ＝ 273万円

住宅ローン控除の主な要件

●新築住宅の場合

1. 住宅取得後6カ月以内に居住の用に供し、住宅ローン控除の適用を受ける各年の12月31日まで引き続いて住んでいること
2. 家屋の床面積が40㎡以上であり、床面積の $\frac{1}{2}$ 以上が居住用であること（事業用の床面積が50%未満であること）
3. その年の所得金額が2,000万円以下であること（床面積が40㎡以上　50㎡未満は1,000万円以下）
4. 住宅ローン等の返済期間が10年以上で、分割による返済であること
5. 省エネ基準適合住宅等であること

●中古住宅等（中古住宅＋増改築等）の場合

1. 新耐震基準に適合していること
2. 中古住宅等の控除期間は10年間
3. 他は新築住宅の1.～4.と同じ

住宅ローン控除は、住宅にかかわる「借入金の残高」が控除の基準になります。控除の対象になる借入限度額は、住宅の種類によって異なります。たとえば、新築の省エネ基準適合住宅なら3,000万円です。この場合、3,000万円以上のローンを組んでいても、住宅ローン控除の対象になるのは3,000万円までです。ローン残高の0.7%が控除額なので、ローン残高が減るにしたがって控除額も減っていきます。

住宅ローン控除を受けるには、新築住宅の場合は省エネ基準に適合すること、中古住宅の場合は新耐震基準をクリアしていなければなりません。令和７年からは省エネ基準に適合する住宅しか新築できないことになっていますので、新築住宅は問題なくクリアできるはずですが、念のため確認は必要です。

新築住宅

住宅の種類	控除対象 借入限度額	控除率	控除期間	最大控除額
長期優良住宅・低炭素住宅	4,500万円	0.7%	13年	409.5万円
ZEH水準省エネ住宅	3,500万円	0.7%	13年	318.5万円
省エネ基準適合住宅	3,000万円	0.7%	13年	273万円

中古住宅

住宅の種類	控除対象 借入限度額	控除率	控除期間	最大控除額
長期優良住宅・低炭素住宅、 ZEH水準省エネ住宅、省エ ネ基準適合住宅のいずれか	3,000万円	0.7%	10年	210万円
一般の住宅	2,000万円	0.7%	10年	140万円

つぶやき

税務署に持参する必要書類は、「住民票」「登記簿謄本」「売買契約書の写し」「住宅ローンの年末残高証明書」「給与所得の源泉徴収票」（給与所得者の場合）などです。

Part3のフリカエリ

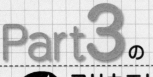

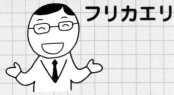

所得控除をしっかり使うこと＝税金を安くして手元に残るお金を増やすこと。

扶養控除の対象者の範囲は広い。一定の要件を満たしていれば同居していなくても、年金を受け取っていても扶養親族とすることができる。

親や子どもなど扶養している人の社会保険料を支払っている場合は、その分も含めて社会保険料控除を受けることができる。

雑損控除は災害、盗難、横領による損失のほか、害虫駆除や雪下ろしにかかった費用などの変わり種も対象になる。

「生命保険料控除」「個人年金保険料控除」「介護医療保険料控除」の3つをフル活用すると、民間の保険商品も魅力的になる。

医療費控除は、工夫次第で所得控除の額を膨らますことができる。申告の仕方も簡素化されて使いやすくなった。

住宅ローン控除は、額面がそのまま節税額になる税額控除で、所得税の控除の中でもっとも節税効果が大きいもの。税務署員との摩擦の心配もないので相談はお気軽に。

Part 4

社会保険の基本と税金を安くするアイテム

所得に占める社会保険料と
税金の合計額の割合が「国民負担率」。
国民負担率は
45%以上と超高水準状態。
社会保険の基本、
そして税金を安くするアイテムを
知っているのと知らないのとでは
負担率は大違い。

01 社会保険は自分で選んで自分で加入する

- □ 個人事業主、フリーランサーは自分で社会保険に加入しなければなりません。
- □ **サラリーマンと違って選択肢がいくつもあります。**

個人事業主、フリーランサーは社会保険も自分の責任で

個人事業主、フリーランサーの社会保険は、サラリーマンと大きく異なります。サラリーマンであれば社会保険は自動的に加入となり、手続きも会社がやってくれます。

一方で個人事業主、フリーランサーは自分で加入しなければなりません。加入していなければ「未加入」となり、病院にかかったとき治療費が全額負担になったり、将来年金がもらえなくなったりします。

個人事業主、フリーランサーの社会保険にはいくつかの選択肢があり、自分がトクになるものを自分で選ぶことになります。

国民健康保険未加入でもアラートは来ない

個人事業主、フリーランサーが加入すべき社会保険には健康保険と公的年金があります。まずは健康保険から見ていきましょう。

健康保険は、病院にかかったときなどに医療費の７割を公費から出してもらう制度です。入院などで医療費が高くなったときには還付制度などもあります。収入に応じて毎月の医療費の自己負担限度額が定められており、自己負担限度額を超えた医療費は戻ってくるのです。

健康保険には大きく２つの種類があります。**「健康保険」**と**「国民健康保険」**です。

サラリーマンの場合は「健康保険」です。「健康保険」の保険料は都道府県によって若干違いますが、現在はだいたい給料の10％前後です。会社と従業員が折半で保険料を払うため、自分が払う保険料は５％程度です。

そして40歳以上になると、これにプラスして1.8%（自己負担0.9%）程度の介護保険料が課せられます。

個人事業主、フリーランサーは「国民健康保険」です。**国民健康保険は、サラリーマンの健康保険と比べると、地域や年収によってかなりばらつきがありますが、だいたい高額になります。**

また、サラリーマンを辞めて開業した場合、原則として国民健康保険に入らなければなりませんが、それ以外の選択肢として、以前在職していた会社で健康保険を任意継続する方法や、家族の健康保険に入る方法もあります。

国民健康保険は、他の健康保険に入っていない人には加入義務があるのですが、強制加入させられたり、強制徴収されたりはしません。国民健康保険に入っていなくても、お役所から「あなたはこの国民健康保険に加入しなければならないのに未加入です。この状態を解消しなければなりません」などの通知が来ることはありません。

国民健康保険料は住む場所で違う

国民健康保険に加入する際に気をつけなくてはならないことがあります。**国民健康保険料は、住む場所によってまったく違うのです。**

サラリーマンの健康保険であれば、どこに住んでいても徴収率はそれほど変わりません。しかし、国民健康保険料は自治体によって大きく違います。**毎月数百円の差などという生易しいものではなく、下手をすると毎月数万円単位で差が出てくるのです。**

国民健康保険は、自分が住んでいる自治体で加入しなければなりません。ですから、個人事業主、フリーランサーは住む場所もよくよく気をつけなくてはならない、ということです。

国民健康保険料は、おおまかに言うと次のような算式になります。

所得割 ＋ 資産割 ＋ 均等割 ＋ 世帯割 ＝ 国民健康保険料

所得割は、その人の所得に応じて課せられるものです。**資産割**は、固定資産税を払っている人が固定資産税の税額に応じて支払うものです。**均等割**は、加入者１人あたりが定額を支払うものです。**世帯割**は、１世帯あたりいくらというように支払うものです。

所得割、資産割、均等割、世帯割の計算式が自治体によって異なるため、保険料の額が自治体ごとにまったく違ってきます。たとえば、単身者が有利になるような自治体もあれば、大人数の世帯が有利になるような自治体もある、といった具合です。

これから転居を考えている人は、国民健康保険料のこともぜひ検討ポイントに入れるようにしてください。

国民健康保険には減免制度がある

国民健康保険には**減免制度**があります。これは収入が急に下がってしまった人などを対象に、決められた保険料を減免するものです。

開業したばかりのときは収入が非常に不安定なものです。それに個人事業主、フリーランサーは、前の年は調子がよかったのに、翌年急激に落ち込んでしまうことも普通にあります。

しかし、**国民健康保険料は前年の収入を基準に算定されるので、開業したてや調子の悪いときにも高額の保険料を課せられることがあります。**

そういう場合は国民健康保険の減免制度を利用しましょう。減免制度を受けるための手続きは自治体によって違いますが、どこも難しいものではありません。

役所としても、高い保険料を課してまるまる未納されるよりは、割引しても確実に納付してもらったほうがいいわけですから。サラリーマンの健康保険には減免制度がありませんから、これは個人事業主、フリーランサーの特権とも言えます。

国民健康保険未加入のワナ

国民健康保険に入る義務があったのに加入していない人にはワナが潜んでいます。というのも、「そろそろ加入しないとマズそうだ」と、加入手続きをしようとしても、とんでもない額の保険料を請求されることになるからです。

国民健康保険は、加入手続きをした日から保険料が発生するわけではありません。**国民健康保険に加入する資格（義務）が生じた日から保険料が発生するのです**。

ですから未加入の期間が長ければ長いほど、さかのぼって払う保険料は高額になります。自治体によってはさかのぼって支払う保険料の限度額が定められていますが、その場合でも２年分程度はまとめて支払わなければなりません。

ただし、この「さかのぼり支払い」を免れるウラ技もあります。

国民健康保険は住んでいる自治体で加入することになっていますから、自治体ごとに違うシステムになっています。転居して別の自治体に転入した場合、転居先の自治体では、転居した時点で国民健康保険の加入資格が生じて保険料の支払い開始となります。そして転居先の自治体が、転居する前の国民健康保険料の徴収をすることはまずありません。

国民健康保険料だけのためにいまの住まいを離れるなどというのはちょっと現実的ではないと思いますが、窮余の策として頭に入れておいてください。

ただし、この方法はあくまで「抜け道」です。原則的に言えば、転居前の自治体では国民健康保険料の「未納」状態です。未納に気づけば転居前の自治体から請求が届く可能性もあり、そうなれば納付の義務が生じますので、このウラ技はあくまで自己責任でお願いします。

つぶやき

国民健康保険料は、財政状態が厳しい自治体ほど高くなる傾向があります。財政状態が思わしくない自治体は、子育てサービスや高齢者サービスなど他の行政サービスも低下しがちなので、住む場所を決める際は行政サービス全般のチェックをオススメします。

02 これから独立する人は任意継続を利用しよう

- サラリーマンを辞めて独立開業する場合は健康保険を2年間継続できる制度があります。
- **大半の人は国民健康保険に入るより継続したほうがトク。**

全額自分負担でも任意継続

前項で触れた通り、サラリーマンの「健康保険」には、会社を辞めたあとも加入を続けられる「**任意継続**」という制度があります。任意継続は、退職する前に２カ月以上健康保険に入っていた人が、退職後もその健康保険に２年間継続して加入できるものです。**サラリーマンを辞めて独立開業した人は、任意継続を利用したほうがトクになることが多いです。**

任意継続の保険料は、サラリーマンのときに支払っていた保険料が原則で、標準報酬月額が30万円を超えていた場合は、標準報酬月額30万円で算出した保険料となります。

ただし、サラリーマン時代の保険料は会社との折半でした。任意継続では、会社が出してくれていた分も自分で払うことになります。しかし、その分を考慮しても、国民健康保険に新たに加入するより安くなることが多いのです。

国民健康保険は自治体によって保険料の額に開きがありますが、**おおむね健康保険を任意継続したほうがかなり安くなります。**

国民健康保険の保険料は、前年の収入を元に算出されます。サラリーマン時代の給料を基準に決められるので、独立開業したばかりで年収が下がっても、前年のサラリーマン時代の給料に合わせた保険料が設定されます。収入が激減した場合は減免の申請をすることもできますが、減免の申請は必ず認められるものではありません。

ですので、サラリーマンの健康保険を任意継続していたほうが無難なのです。ただ、国民健康保険のほうが有利になるケースも、もちろんありま任意継続は会社との折半ではなくなるが、それでも多くの場合で国民健康保険よりも割安になる。

す。国民健康保険の保険料と、健康保険を任意継続した場合の保険料をシミュレーションし、どちらがトクになるのか把握しておくことが必要です。

また、会社を作って経営していた人が会社を解散し個人事業主になった場合でも、健康保険の任意継続は受けられます。経営者であっても、会社がなくなれば会社の退職者という扱いになり、他の従業員と同様の社会保険の権利を享受できます。いずれは自分の会社を作りたいと思っている人も少なくないでしょうから、この仕組みは知っておいて損はないはずです。

退職してからすぐに申し込むこと

任意継続の手続き先は、住んでいる地域の健康保険の支部です。わからない場合は会社が教えてくれます。**喪失日（退職した日）から20日以内に申し込まないといけません。**

申込書は健康保険のホームページからダウンロードできます。必要書類は扶養親族の有無などによって変わってきますので、健康保険の支部に問い合わせてください。

手続きをしたあと、新しい保険証と納付書が送られてきます。**保険料の納付は必ず期限内に行ってください。**保険料の納付が１日でも遅れると、正当な理由がない限り強制的に解約となってしまいます。

また、かつては一度任意継続の手続きをすると、２年間は自分の都合で解約することはできませんでしたが、現在はいつでも任意で解約できるようになっています。

つぶやき

サラリーマンを辞めて独立開業した人で、家族が会社員として働いている場合は、家族の健康保険に扶養親族として入れてもらう、という方法もあります。サラリーマンが加入している健康保険は、扶養親族が何人いても保険料は同額です。もちろん、妻に限らず夫も扶養親族になれます。

Part4
社会保険の基本と税金を安くするアイテム

03 個人事業主、フリーランサーが選べる公的年金

- 個人事業主、フリーランサーの公的年金にはいくつか種類があります。
- **国民年金に加入するのが原則ですが、それだけではとても安心できません。**

国民年金はベースにすぎない

個人事業主、フリーランサーが加入できる公的年金には、「国民年金」「国民年金基金」➔ 158ページ「確定拠出年金」➔ 170ページがあります。この他に公的年金に準ずる制度として「小規模企業共済」➔ 166ページもあります。

加入の義務があるのは国民年金だけですが、国民年金は満額掛けても、受給できる額は年間100万円にも遠く及びません。サラリーマンの厚生年金と比べると明らかに貧弱です。その貧弱さを補うために、国民年金基金、確定拠出年金、小規模企業共済が制度化されているのです。

国民年金は、毎月１万6980円を掛ける公的年金です。最低限10年間加入していれば受給でき、40年間加入していれば満額受給することができます。

国民年金は物価の変動を加味した「物価スライド方式」になっており、支給額は令和６年４月から満額で年81万6000円です。加入期間が40年に満たなければ、足りない期間分だけ支給額が減ります。60歳まで支払うことになっていますが、加入期間が40年に満たない人は任意で65歳まで掛けることができます。

国民年金にも減免制度がある

国民健康保険と同様に、国民年金にも減免制度があります。保険料の支払いが苦しい場合は、申請すれば減免してもらえる可能性があります。

減免は、その人の収入程度により、$\frac{1}{4}$免除、半額免除、$\frac{3}{4}$免除、全額免除の４段階があります。**減免を受けている期間も国民年金加入期間に換算され、しかも全額免除であっても半額払ったことにしてもらえます。**

申請せずに漫然と未納にしているだけでは、このような恩恵は受けられません。

国民年金だけの人は付加年金

国民年金には「**付加年金**」という制度があります。これは、毎月の保険料に追加して400円の付加保険料を払えば、年に「200円×加入月数」の年金額が生涯にわたってもらえるものです。

たとえば、付加年金に４年間（48カ月）加入していたとすると、年に9,600円もらえます。**これは一生涯です**。付加年金４年間での掛金は１万9200円ですから、たった２年で元が取れる計算になります。

ただし、この付加年金は、国民年金基金に加入している人は入ることができません。また、確定拠出年金に入る場合は確定拠出年金の限度額が月あたり1,000円減額されます。

儲かった年にもっと社会保険料を払えないか？

国民健康保険や国民年金に支払った分は、社会保険料控除として、全額その年の所得から控除されます。 社会保険料控除 ➜ 126ページ

そして所得から控除できる社会保険料は、その年分の社会保険料だけではありません。過去の未納分や前納分なども含めて、その年に支払った全額を控除できます。

ですから、**過去の分や将来の分を今年払えば、今年の所得から控除できるのです**。126ページでも述べたように、事業がうまく運んでいるときに社会保険料をたくさん払えば、払った分だけ課税所得を抑えることができます。

つぶやき

国民年金には前納制度があり、最大で2年分の保険料を前払いできます。前納した分はすべてその年の社会保険料控除に含めることができるので、好調なときに前納して節税する手が使えます。

04 国民年金基金は節税効果バツグン!

- [ ] **国民年金の不足分を埋めて、資産を蓄積しながら節税もできるのが国民年金基金。**
- [ ] 掛金は社会保険料控除で全額、所得から差し引けます。

節税しながら老後の資産を蓄積できる!

ここからは、国民年金基金や小規模企業共済などを個別に見ていきます。

さて、節税でもっとも大事なことを一言で表現するなら、「**税金を少なくしながら、自分の資産を減らさない(むしろ増やす)**」となります。経費をバンバン使って税金が安くなっても、自分のお金がなくなってしまったら本末転倒ですからね。

とはいえ、税金を安くしながら「資産を減らさない(むしろ蓄積する)」というのは、なかなか難しいものです。節税は「経費を使う」ことが基本ですから。

しかしながら、**資産を蓄積しながら節税もできる方法があるのです。**

その1つが、「**国民年金基金**」です。

国民年金基金は、国民年金だけでは十分でないと考える人が掛ける公的年金です。国民年金に上乗せして年金支給することを目的にしています。

「公的年金で、税金を回避しながら資産蓄積なんてできるんだろうか?」

と思った方もいるでしょう。

そう考えるのは、ごもっともです。公的年金は国が管理するものですからね。常識的な人ならば、国が管理している基金を使って税金を回避するなんて……と思うかもしれません。

しかしながら税制とは不思議なもので、国が管理しているものだから税金を回避できる、というケースがけっこうあるのです。

国民年金基金の掛金は、国民健康保険など他の社会保険料と同様に、支払った全額を所得から控除できます。

つまり、**社会保険料控除として、掛金を全額、所得額から差し引くことができるのです。もちろん掛金は、資産として蓄積されます**。したがって、「税金を回避しつつ資産の蓄積」ができるのです。

国民年金基金はなぜオイシイのか？

なぜ、このようなオイシイ仕組みを国が設けているのかというと、国が運営している国民年金基金にたくさんの人を集めたいからです。それで税金の減額、つまりは国家的な割引サービスを行っているのです。

国民年金基金には、他にもオイシイ点があります。

その１つは、**掛金の額を自分で決められるので、自分の所得に合わせて掛金を支払える**ことです。**収入が増えて節税策が必要なとき、国民年金基金に加入すれば、自分の年金資産を作りながら節税できます**。

国民年金基金は、本来の役割である年金として見ても非常に有利なものです。たとえば月額３万円の年金を亡くなるまでもらい続けるために掛金をいくら払えばいいかというと、40歳から加入したとするなら、月額１万7145円を払えばいいのです。もし当人が早くに亡くなってしまったとしても、これは15年支払い保証なので、未受給分は遺族が受け取ることができます。民間の個人年金保険より圧倒的に有利と言えます。

国民年金だけでは、とても老後の生活資金が足りません。所得が増えたとき、どうせ税金にとられるくらいなら、そのお金を使って国民年金基金に加入するべきでしょう。

お金が戻ってくるタイミングとインフレに注意

ただし、国民年金基金にもデメリットがあります。

ネックとなるのは、「預貯金ではなく、あくまで年金」という点です。いったん掛金を支払ってしまえば、年金としてもらえるまでお金は戻ってきません。よって、儲けすぎた利益を、いったん税金回避のつもりで国民年金基金に投入したとしても、それを取り戻せるのは、年金受給年齢になってからということになります。

国民年金基金を受給するときは、公的年金の扱いになり雑所得として税金がかかります。

国民年金や厚生年金などの公的年金を受給した場合、年間で一定額以上の受給額があれば税金が課せられますが、国民年金基金もそれと同じ条件で税金がかかります。

一定額というのは、65歳未満の人は60万円超、65歳以上の人は110万円超です。そこから所得控除を差し引いても残額が出る場合、税金が生じます。

また、**国民年金基金は、物価の上昇に合わせて支給額が増える「物価スライド」になっていません**。

いざ年金を受給するときにインフレが進んでいて、いまよりももっと物価が上がっていたら（つまり、お金の価値が下がっていたら）、「国民年金基金に入るんじゃなくて株でも買っておけばよかった……」となってしまうこともあるかもしれません。未来のことですから、将来的にインフレが進んでいるのか、そうでないのかは誰にもわかりません。

国民年金基金のメリット、デメリット

メリット	デメリット
1 掛金はすべて所得控除される（社会保険料控除）	1 受給年齢になるまで途中で引き出せない
2 自然に老後資金が貯められる	2 将来的にインフレになった場合、損をすることがある
3 掛けた分のお金は必ずもらえる	

国民年金基金の概要

●加入対象者

自営業やフリーランスの人と、その配偶者で、国民年金の保険料を納めている20歳以上 60歳未満の人が加入することができます。

●掛金

掛金は月額6万8000円以内で自由に選択できます。ただし、個人型確定拠出年金(iDeCo)にも加入している場合は、その掛金と合わせて6万8000円以内となります。iDeCo ➜ 170ページ

●納付方法

掛金の納付は口座振替により行われます。

４月から翌年３月までの１年分を前納すると0.1カ月分の掛金が割り引かれます。

また割引はありませんが、翌年３月までの一定期間分の掛金を一括して納付することもできます。

●掛金の変更と解約

掛金額は変更(増口・減口)することができます。増口は年度内１回に限られます。

解約はできますが、返金はありません。すでに納付した掛金は将来の年金に加算されます。

つぶやき

国民年金基金は国が運営しているサービスだけに、税金面からも見逃せない特典が用意されています。

05 個人事業主節税の王様「経営セーフティ共済」とは？

- [ ] **儲かりすぎた年、年末に240万円もの利益をいったん先送りできます。**
- [ ] 「倒産防止保険がついた預貯金」機能があるスグレモノです。

個人事業主の節税策の中で、もっとも使いやすく効果が大きい

筆者が**「個人事業主の節税策の中で、もっとも効果的なものは何か？」**と問われたら、**迷わずに「経営セーフティ共済」と答えます。**

「経営セーフティ共済」というのは、取引先に不測の事態が起きたときに資金手当てをしてくれる共済で、連鎖倒産などを予防するために作られたものです。簡単に言うと、「毎月いくらかのお金を積み立てておいて、もし取引先の倒産とか不渡りによって被害を受けた場合には、積み立てたお金の10倍まで貸りられる」というものです。主に中小企業のために作られた共済ですが、**個人事業主やフリーランサーも使えます。**

この共済のどこが節税になるのかというと、**掛金を全額経費に計上できるのです。**１年分の前払いもでき、**前払いした分もすべて払った年の経費に入れることができます。**費用科目は「経営セーフティ共済掛金」としておけばOKです。

経営セーフティ共済は、掛金の月額を5,000円から20万円まで自分で設定できます。**年末に加入し、最高額の掛金にして１年分前払いすれば、所得を240万円（20万円×12カ月）も削減できるのです。**

また、途中で掛金の額を増減することもできます。したがって、はじめのうちは掛金を最高額にしておいて、景気の雲行きがアヤしくなってきたら減額する、という手も使えます。

掛金は４年後には返ってくる

「でも不測の事態が起きなかったら丸損じゃないか」

と思う人もいるでしょう。

いえいえ、経営セーフティ共済は掛け捨てではなく、掛金の全額が積立金となります。

積立金は、不測の事態が起こらなかった場合、40カ月以上加入していれば、全額、解約手当金として返してもらうことができます。40カ月未満の加入者は、若干返還率が悪くなりますが、同じく返還してもらえます。

また解約手当金の95％までは、不測の事態が起こらなくても借り入れることができます。この場合は利子がつきますが、それでも年１％程度の低利率です。したがって、運転資金が足りなくなってしまったときなどには預貯金を引き出す感覚で借りることができます。

経営セーフティ共済は、倒産防止保険がついた預貯金のようなものと考えればいいでしょう。「中小企業基盤整備機構」という公的機関が運営している共済制度なので、掛金の持ち逃げなどの心配も無用です。

節税策として、うってつけのものだと言えます。個人事業主、フリーランサーの人には、ぜひ検討してもらいたいアイテムです。

経営セーフティ共済の注意点

掛金は40カ月を経過すれば金額返還されますが、返還されたときには所得として計上しなければいけません。したがって、形としては、**いったん経費に計上したものが４年後には利益として戻ってくる**、ということです。

掛金を全部経費に計上できて、返還されたときも所得に加算しなくてよい、というような恒常的な節税策ではなく、いまの利益を４年後に先送りすることになります。

それでも使い勝手はとてもいいはずです。**儲かりすぎた年に、いったん利益を先送りして、その間にさまざまな節税策を施せばいい**わけですから。この使い方は重要で、ここを誤ると、せっかくの効果的な節税アイテムを無駄にしてしまいかねないので注意してください。

経営セーフティ共済のデメリット

節税に非常に役立つ経営セーフティ共済ですが、じつは大きなデメリットがあります。それは、**実際に取引先が倒産するなどの不測の事態が起きて、経営セーフティ共済から借入をした場合、借入額の $\frac{1}{10}$ にあたる掛金は返還されない**、ということ。つまり、掛金の10倍まで融資を受けられるけれど、借入額の $\frac{1}{10}$ の掛金が流れてしまうので、10%の利息を取られているのと同様になるのです。もちろん、不測の事態が起きたときには利息10%でも融資をしてくれるところはなかなかないでしょうから有用な制度ではあるのですが。

また、令和６年に税制改正があり、経営セーフティ共済を解約して、解約後に再契約する場合、解約日から２年を経過する日までの間に支払った掛金を経費にすることはNoとなりました。つまり、**一度解約すると、すぐに再契約しても２年間は掛金を経費計上できない**、ということです。これまでは解約してから同じ年に再契約し、１年分の掛金を前払いしても全額経費に計上できましたが、このやり方はもうできません。令和６年10月１日以降に解約した場合に適用されます。

経営セーフティ共済の概要

●掛金

□毎月の掛金は、5,000円から20万円までの範囲内で自由に選択できます（5,000円単位）。

□加入後、増額・減額ができます（ただし減額する場合は一定の要件を満たすことが必要）。

□掛金は、総額が800万円になるまで積み立てることができます。

□掛金は税法上、個人の場合は必要経費に、法人の場合は損金に算入できます。

●共済金の借入条件

加入後6カ月以上経過して、取引先事業者の倒産などにより、売掛金債権等について回収が困難となった場合。

●借入金額

掛金総額の10倍に相当する額か、回収が困難となった売掛金債権等の額のいずれか少ない額。

●返済期間

借入金額5,000万円未満は5年、借入金額5,000万円以上6,500万円未満は6年、借入金額6,500万円以上 8,000万円以下は7年（いずれも据置期間6カ月を含む）。返済は毎月均等償還。

据置期間は、「返済をしなくてもいい期間」という意味です。

●借入条件

無担保・無保証人。借入を受けた金額の $\frac{1}{10}$ に相当する額は掛金総額から控除されます。

●一時貸付金の借入

加入者は取引先事業者に倒産の事態が生じない場合でも、解約手当金の範囲内で、臨時に必要な事業資金の借入ができます。

●加入の申込先、問い合わせ先

中小企業基盤整備機構のホームページ、コールセンター（050-5541-7171）・金融機関の本支店・商工会連合会・市町村の商工会・商工会議所・中小企業団体中央会など。

つぶやき 「今年は儲かりすぎてしまったけど節税をほとんどやっていない……」というときに、この経営セーフティ共済で、いったんその年の税金を減らして、翌年以降に経費を増額するなどの本格的な節税策を講じます。

06 小規模企業共済もけっこう使える!

- [ ] **年末に84万円の利益を将来に先送りできます。**
- [ ] 引退するときや廃業するときに共済金を受け取るのが基本ですが、途中解約もできなくはありません。

まだある！節税しながら資産を増やす方法

前項では経営セーフティ共済を紹介しましたが、**個人事業主や会社の役員を対象とした制度に「小規模企業共済」というものもあります。**

「**小規模企業共済**」は、中小企業基盤整備機構が小規模企業（法人や個人事業）の経営者向けに運営している共済制度で、主に彼らの退職金代わりに利用されています。

従業員が５人以下の個人事業主や、フリーランサーも加入できます。

小規模企業共済の掛金は会社の経費となりませんが、経営者や役員の所得からは全額控除されるので、経営者や役員個人の節税になります。

また、小規模企業共済は、毎月お金を積み立てて、銀行預金などよりも有利な利率で、自分が引退するときや会社を廃業するときに共済金を受け取ることができます。

この小規模企業共済も、**掛金の全額を所得から控除できます。** 小規模企業共済等掛金控除 ➜ 119ページ そして、小規模企業共済も前納することができ、**１年以内分の前納額は、支払った年に全額を所得から控除できます。**月に1,000円から７万円まで掛けることができるので、**年末に月々７万円の掛金で加入し、１年分前納すれば84万円を所得から一気に控除できるのです。**

「84万円が所得から差し引かれたとしても、84万円がなくなってしまうんだから、トクにはならないじゃないか」などということはなく、小規模企業共済に掛けたお金は、いずれ利息がついて戻ってくるので、「掛金がなくなる」ことはありません。**貯金しながら自分の所得を減らすのと同じ**

なのです。

共済金を年金として受け取った場合は、税法上、公的年金と同じ扱いになり優遇されています。公的年金にかかる税金は、普通の所得にかかる税金と比べると、額が半分くらいに抑えられるメリットがあります。また、年金としてではなく一度に受け取ることもでき、その場合も退職所得として優遇が受けられます。

小規模企業共済のメリット

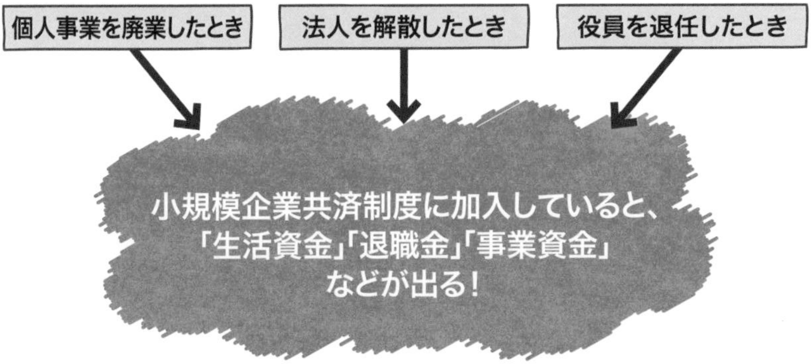

個人事業を廃業したとき
法人を解散したとき
役員を退任したとき
小規模企業共済制度に加入していると、
「生活資金」「退職金」「事業資金」
などが出る！

- **共済金は税法上、「退職所得扱い」または「公的年金の雑所得扱い」**
- **事業資金などの貸付制度を利用できる**
- **地震、台風、火災など災害時の貸付制度も備わっている**

退職金と同じ計算式になり、税金は通常の所得と比べてかなり割安になる上、社会保険料もかからない。

公的年金と同じ計算式になり、税金は通常の所得と比べると、だいたい半分程度になる。

小規模企業共済の難点

一方で、小規模企業共済にも難点があります。まず、預貯金と違って自由に引き出すことができません。そして、経営セーフティ共済のように、40カ月を過ぎたら解約金として返還されるといった仕組みもありません。小規模企業共済に掛けたお金は、引退するときや廃業するときに受け取ることになっているからです。

しかしながら、事業が思わしくなくなってしまったときや、いざというときには、事業を廃業したことにすれば共済金を受け取れます。事業を廃業しなくても解約できますが、その場合は給付額が若干少なくなります。

また、事業を法人化したときにも受け取れるので、個人事業から会社へと法人化に向けた資金を貯める場合にも使えます。個人事業のときに積み立てた共済金を、会社を設立するときに取り崩すというわけです。将来会社を作りたいと思っている人にとっては、その資金作りとしても有効と言えるでしょう。

掛金の７割程度を限度にした貸付制度もあるので、運転資金が足りなくなってしまったときなどに活用することもできます。

確定申告書 第一表

所得から差し引かれる金額			
社会保険料控除		⑬	
小規模企業共済等掛金控除		⑭	480000
生命保険料控除		⑮	
地震保険料控除		⑯	
寡婦、ひとり親控除	区分	⑰～⑱	0000
勤労学生、障害者控除		⑲～⑳	0000
配偶者(特別)控除	区分1 / 区分2	㉑～㉒	0000
扶養控除	区分	㉓	0000
基礎控除		㉔	0000
⑬から㉔までの計		㉕	
雑損控除		㉖	
医療費控除	区分	㉗	
寄附金控除		㉘	
合計(㉕＋㉖＋㉗＋㉘)		㉙	

確定申告書 第二表

	保険料等の種類	支払保険料等の計	うち年末調整等以外
⑬⑭社会保険料控除／小規模企業共済等掛金控除	小規模企業共済	480,000円	円
⑮生命保険料控除	新生命保険料	円	円
	旧生命保険料		
	新個人年金保険料		
	旧個人年金保険料		
	介護医療保険料		
⑯地震保険料控除	地震保険料	円	円
	旧長期損害保険料		

確定申告の際に、1年間に支払った掛金の額をここに記入する。

小規模企業共済の概要

●加入資格

従業員が20人（商業とサービス業では5人）以下の個人事業主や、中小企業の経営者、役員。

●掛金

月に1,000円から7万円までの範囲内で自由に選べます（500円単位）。

加入後、掛金の増額・減額ができます（減額の場合、一定の要件を満たすことが必要）。また、業績が思わしくなくて掛金を納めることができない場合は「掛け止め」もできます。

●共済金の受け取り

事業を廃業したとき、会社の場合は役員を退任したとき、など。

●加入の申込先、問い合わせ先

中小企業基盤整備機構のホームページ、コールセンター（050-5541-7171）・金融機関の本支店・商工会連合会・市町村の商工会・商工会議所・中小企業団体中央会など。

つぶやき　その年に小規模企業共済等掛金控除を受けるには、年末までに小規模企業共済の手続きと掛金の支払いが完了していなければなりません。申込から完了までに2〜3週間程度の時間がかかりますので注意してください。

07 確定拠出年金に向いている人とは?

- **節税しながら自分で資産運用したい人は確定拠出年金。**
- 確定拠出年金と国民年金基金の合計で月6万8000円まで掛けられます。

確定拠出年金は年金を手厚くする3本目の矢

「iDeCo(イデコ)」の愛称で、すっかりおなじみになった個人型の確定拠出年金。

少子高齢化が進んでいく中で、公的年金は従来の給付水準を維持していくのが難しく、私たち個人が自分で年金を積み立てられるようにすることを目的にしています。

確定拠出年金は、**自分で積立額を設定し、運用も自分でするという「自分仕様の公的年金」**のようなものです。これまで紹介してきた制度と同じく、**確定拠出年金の掛金は、全額、所得から控除されます(小規模企業共済等掛金控除)**。老後資金を普通に貯金するよりも、断然メリットがあります。

確定拠出年金というと、サラリーマンのためというイメージがあるかもしれませんが、**確定拠出年金で一番大きな枠を与えられているのは個人事業主やフリーランサーです**(ここでは、便宜上「自営業者」と呼ぶことにします)。

自営業者は、掛金の限度額が月6万8000円で、これはサラリーマンや公務員など他の加入者と比べて最高額となっています。厚生年金や企業年金のない自営業者は、国民年金だけではとても老後の生活資金を賄えませんから、確定拠出年金によって年金を分厚くしていこうということです。自営業者は、このメリットを最大限生かしたいものです。

一方で、自営業者には確定拠出年金と似たような制度が、すでに2つあります。「国民年金基金」と「小規模企業共済」です。

つまり、**自営業者は補完的な年金制度が全部で3つあるのです。**

そして、この３つは利用条件が違う上に、掛金の上限額などが相互に絡んできます。**この３つの特徴をうまく生かし、上手に組み合わせることが自営業者には必要になるのです。**

確定拠出年金の概要（自営業者の場合）

●加入資格

□満20歳以上 60歳未満（ただし国民年金に任意加入している場合は65歳未満）。

□国民年金保険料を納付していること（障害基礎年金受給者を除き、全額免除・半額免除などを受けていないこと）。

□農業者年金基金に加入していないこと。

●拠出限度額

年額81万6000円（月額6万8000円）
　　　　　－国民年金基金等への年間拠出額

毎月の拠出額は5,000円以上で、1,000円単位で選ぶことができます。

たとえば、国民年金基金に年額48万円（月額４万円）拠出している人なら、確定拠出年金への拠出限度額は、81万6000円－48万円で、年額33万6000円（月額２万8000円）となります。

国民年金の付加年金に加入している人の年間拠出限度額は、81万1000円になります。

「３本の矢」を比較する

確定拠出年金、国民年金基金、小規模企業共済の比較をしてみましょう。

掛金の上限は、確定拠出年金、国民年金基金が６万8000円、小規模企業共済が７万円なので、ほとんど差はありません。

その中で確定拠出年金のメリットは、**国内外の株や債券など、自分がい**

いと思う商品を自由に選んで資産運用ができることです。これは他の２つにはない特徴です。国民年金基金、小規模企業共済は利率が決まっているので、自分の努力次第で資産を増やすことはできません。

ただし、「資産運用ができる」ことには元本割れの危険も伴います。国民年金基金、小規模企業共済には元本割れの危険はないので、見方によってはデメリットになります。そのデメリットがイヤな人向けに、確定拠出年金には、**元本確保型の定期預金商品も用意されています**。

国民年金基金のメリットは、**終身タイプの年金に格安で入れる**ということでしょう。確定拠出年金にも終身タイプの年金商品がありますが、低金利下では、あまりコストパフォーマンスがよくありません。現在のところは、国民年金基金が上回っています。

一方で国民年金基金は、**インフレに対応できないというデメリットがあります**。国民年金基金は、加入したときの利率が生涯続くことになり、現在は1.5%です。とはいえ1.5％の利率というのは、いまの時代の金融商品としては悪くありません。銀行預金では利率は、ほぼゼロ。確定拠出年金で元本確保型の定期預金を選ぶよりは、国民年金基金に加入しておいたほうが、よほど利率がいいのです。

次は小規模企業共済です。小規模企業共済の第一のメリットは、**途中解約ができる**ということでしょう。途中解約する場合は、通常の給付よりも若干金額が減ります。また、掛金を掛けていた期間が20年未満の場合は元本割れしてしまいます。しかしながら、確定拠出年金や国民年金基金は途中解約ができないので、できることはメリットと言っていいでしょう。

小規模企業共済には、掛金を担保にして融資を受けられるメリットもあります。融資にはいくつかの種類がありますが、利率は現在のところ最高でも1.5%です。融資という方法で、掛金を一時的に引き出すことも可能というわけです。

小規模企業共済のデメリットは、**自分で資産運用ができない、利率が低い**ということ。現時点の予定利率は１％ですが、これは経済情勢や共済の運用次第で変わります。そのため、国民年金基金のようにインフレにまったく対応できないものではありません。

確定拠出年金と国民年金基金は上限枠が同じで、**この２つの掛金の合計が月６万8000円まで**となっています。小規模企業共済と、確定拠出年金・国民年金基金は別枠になっているので、**確定拠出年金または国民年金基金に満額掛けておいて、小規模企業共済にも満額掛けることが可能です。**

確定拠出年金、国民年金基金、小規模企業共済の比較

	確定拠出年金	国民年金基金	小規模企業共済
メリット	・自分で資産運用ができる	・終身年金のコスパがよい	・60歳未満でもお金を引き出すことができる ・掛金を担保に低利で融資が受けられる
デメリット	・60歳まで引き出せない ・選択した商品によっては元本割れのリスクがある	・60歳まで引き出せない ・自分で資産運用ができない ・利率が低く、固定されている	・自分で資産運用ができない ・利率が低い（ただし物価変動は考慮される）
向いている人	自分で資産運用をしたい人	年金受給年齢に近く、終身年金がほしい人	確定拠出年金、国民年金基金以外で資産を蓄積したい人

つぶやき

自営業者の確定拠出年金の加入期間は原則として20歳以上から60歳未満です。ただし、国民年金の任意加入制度を利用している人は65歳未満まで加入できます。国民年金の任意加入は、60歳までに年金の受給資格を満たしていない場合や、40年の納付済期間がないため年金を満額受給できない場合などに60歳以降でも国民年金に加入できる制度です。

いまはたくさんの金融機関が確定拠出年金を扱っている。どの金融機関と契約するか検討するときには、ホームページ「個人型確定拠出年金ナビ」がオススメ。

確定拠出年金の、○（マル）なはじめ方

おっと、年金事務所ではダメですよ。相談窓口は銀行などの金融機関です
えっ、そうなの？
じゃあご近所の技評銀行かな？
銀行ならどこでもOK、ではありません。iDeCoは金融機関によって手数料や商品が違いますから、はじめから銀行を決めないほうがいいでしょう
もし他にいい銀行があったら途中で替えればいいんじゃないですか？
A.BANK
B.銀行
えっほ えっほ
えっほ えっほ
それもできるんですが替えるときには金融商品を売却するなど手間がかかります。最初からなるべくいい金融機関で加入したほうがいいのです
なるほど
ネットで調べて目星をつけてから、2〜3の金融機関に行くといいでしょう。話を聞いて、ここだな！と思うところを見つけてみては？
は〜い♪

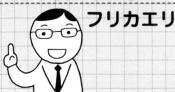

Part4のフリカエリ

自治体ごとの国民健康保険料の開きは思いのほか大きい。転居の際は転居先の保険料のチェックを忘れずに。

国民年金は最大で2年分の保険料を前納できる。前納分や過去の未納分は、払った年に社会保険料控除で全額控除できる。

国民年金基金は終身タイプの年金に格安で入れることが魅力。掛金は自分で決められるので、所得が増えたときの調整弁としても使える。

経営セーフティ共済は、個人事業主、フリーランサーにとって「節税の王様」と表現してもいいくらいの強力アイテム。

小規模企業共済の共済金を受け取るタイミングは、個人事業を廃業したときや事業を法人化したときなど。

確定拠出年金と国民年金基金の掛金は合計で月6万8000円まで。小規模企業共済は月7万円まで。全額、所得から控除される。

確定拠出年金、小規模企業共済は「小規模企業共済等掛金控除」、国民年金基金は「社会保険料控除」。

Part 5

誤解だらけの確定申告

「税務署の言うことはいつも正しい」
「申告は1日でも遅れたらアウト」
「紙はダメで、デジタル保存が義務になった」
…etc.
ウワサがひとり歩きしがちな確定申告では、
思い違いがたくさん。
誤解の数々をここで解いておこう！

「最近よく聞くe-Taxは使いやすいのか?」
これも検証！

01 開業届は出さなくても申告できる

- 開業届は出さなくてもペナルティはありません。
- **青色申告承認申請書と償却方法の届出書は出さないと認められません。**

出さなかったとしても問題なく確定申告できる

確定申告の入門書などを見ると、事業をはじめた場合は、必ず税務署に開業届を出さなければならない、と書いてあったりします。

この開業届、もちろん出したほうがいいです。

とはいえ、もし出すのを忘れてしまったとしても心配することはありません。**出し忘れたからといって特別なペナルティはありません。**

「開業届を出していないなら、確定申告できないんじゃないか？」

などと心配する必要もありません。開業届を出していなければ確定申告書が郵送されないだけです。確定申告書は税務署に行けばもらえますし、国税庁のホームページでもプリントできますから、**確定申告も普通にできます。**むしろ、**開業届を出していないからと、申告をしなかったり、申告が遅れてしまうことのほうがよほど問題なのです。**

ただし、開業届以外の提出書類の中には出さないと経理上の問題が出てくるものもあります。たとえば、「減価償却資産の償却方法の届出書」→ 181ページを出さなければ、個人事業主の場合は定額法を選択したとみなされます。ですから、税務署への提出書類は一通り確認しておく必要があります。

どんな届出書が必要なのか？

一般的に、開業したときに税務署に提出すべきとされている書類がいくつかあります。ここでは、それらの書類は本当に提出しなければいけないのか？　どういうときに提出すべきなのか？　について説明します。

個人事業の開業届出書　開業したときに提出するもの。事業を開始したときにすみやかに提出する。用紙は税務署に用意されているほか、国税庁のホームページでもプリントできる。提出しなかったとしてもペナルティはない。

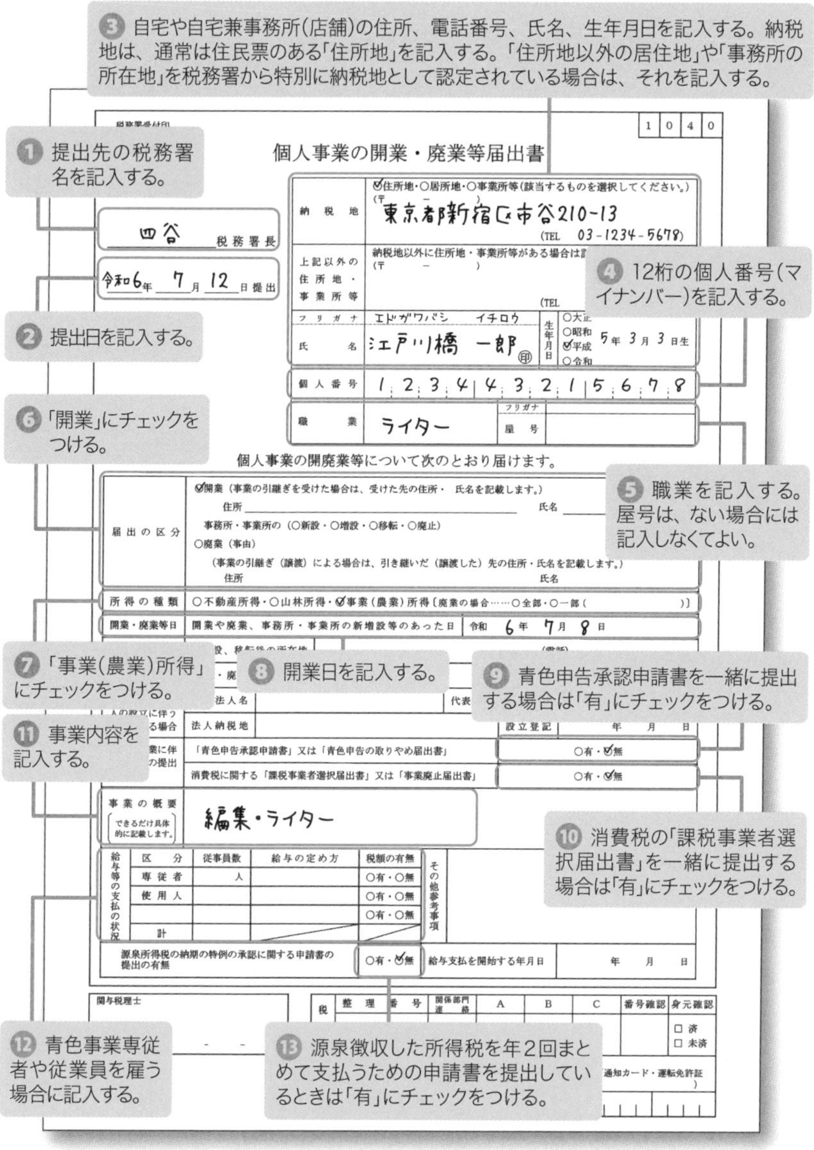

③ 自宅や自宅兼事務所(店舗)の住所、電話番号、氏名、生年月日を記入する。納税地は、通常は住民票のある「住所地」を記入する。「住所地以外の居住地」や「事務所の所在地」を税務署から特別に納税地として認定されている場合は、それを記入する。
① 提出先の税務署名を記入する。
② 提出日を記入する。
④ 12桁の個人番号(マイナンバー)を記入する。
⑥「開業」にチェックをつける。
⑤ 職業を記入する。屋号は、ない場合には記入しなくてよい。
⑦「事業(農業)所得」にチェックをつける。
⑧ 開業日を記入する。
⑨ 青色申告承認申請書を一緒に提出する場合は「有」にチェックをつける。
⑪ 事業内容を記入する。
⑩ 消費税の「課税事業者選択届出書」を一緒に提出する場合は「有」にチェックをつける。
⑫ 青色事業専従者や従業員を雇う場合に記入する。
⑬ 源泉徴収した所得税を年2回まとめて支払うための申請書を提出しているときは「有」にチェックをつける。

所得税の青色申告承認申請書　青色申告で申告したい人が提出するもの。事業を開始した日から2カ月以内（1月16日以降に開業の場合）、もしくは青色申告をしたい年の3月15日までに提出する。用紙は税務署に用意されているほか、国税庁のホームページでもプリントできる。

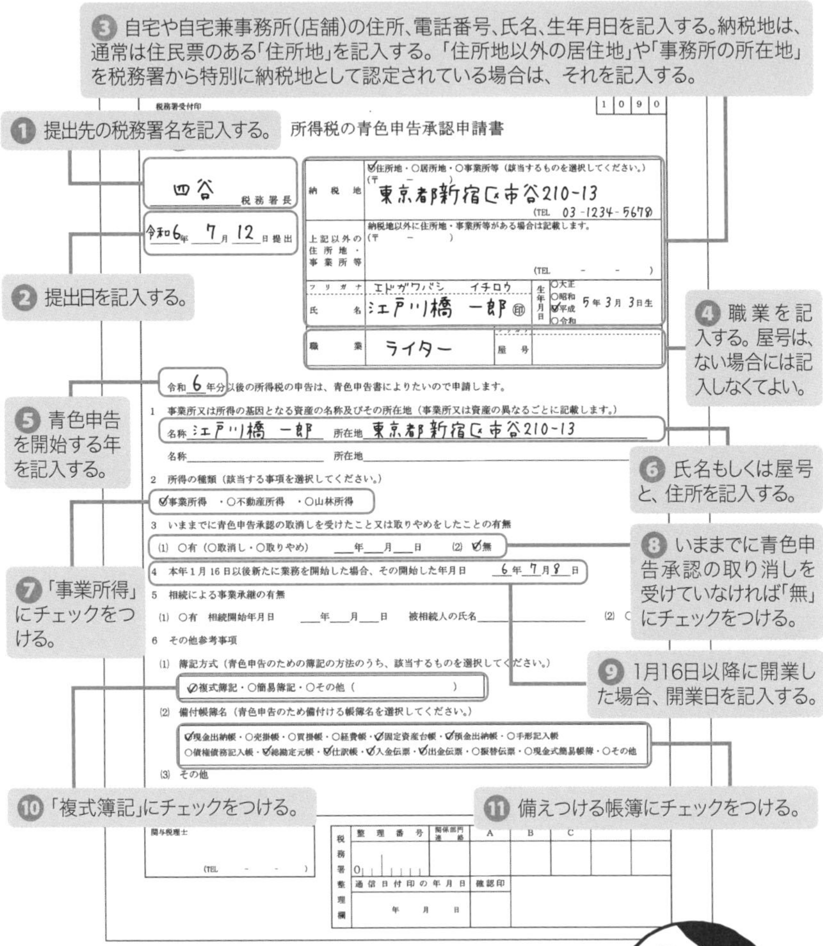

❸ 自宅や自宅兼事務所(店舗)の住所、電話番号、氏名、生年月日を記入する。納税地は、通常は住民票のある「住所地」を記入する。「住所地以外の居住地」や「事務所の所在地」を税務署から特別に納税地として認定されている場合は、それを記入する。

❶ 提出先の税務署名を記入する。

四谷　税務署長

令和6年 7月 12日 提出

❷ 提出日を記入する。

所得税の青色申告承認申請書

1 0 9 0

納税地　☑住所地・○居所地・○事業所等（該当するものを選択してください。）
（〒）東京都新宿区市谷210~13
（TEL 03-1234-5678）

上記以外の住所地・事業所等　納税地以外に住所地・事業所等がある場合は記載します。

フリガナ　エドガワバシ　イチロウ
氏　名　江戸川橋 一郎㊞
生年月日 ○大正 ○昭和 ☑平成 ○令和 5年3月3日生

❹ 職業を記入する。屋号は、ない場合には記入しなくてよい。

職　業　ライター　屋号

令和 6 年分以後の所得税の申告は、青色申告書によりたいので申請します。

❺ 青色申告を開始する年を記入する。

1 事業所又は所得の基因となる資産の名称及びその所在地（事業所又は資産の異なるごとに記載します。）
名称 江戸川橋 一郎　所在地 東京都新宿区市谷210~13
名称　所在地

❻ 氏名もしくは屋号と、住所を記入する。

2 所得の種類（該当する事項を選択してください。）
☑事業所得 ・○不動産所得 ・○山林所得

3 いままでに青色申告承認の取消しを受けたこと又は取りやめをしたことの有無
(1) ○有（○取消し・○取りやめ）＿＿年＿＿月＿＿日 (2) ☑無

❼ 「事業所得」にチェックをつける。

4 本年1月16日以後新たに業務を開始した場合、その開始した年月日 6年7月8日

❽ いままでに青色申告承認の取り消しを受けていなければ「無」にチェックをつける。

5 相続による事業承継の有無
(1) ○有 相続開始年月日＿＿年＿＿月＿＿日 被相続人の氏名＿＿＿ (2) ○

6 その他参考事項
(1) 簿記方式（青色申告のための簿記の方法のうち、該当するものを選択してください。）
☑複式簿記・○簡易簿記・○その他（　　　）

❾ 1月16日以降に開業した場合、開業日を記入する。

(2) 備付帳簿名（青色申告のため備え付ける帳簿名を選択してください。）
☑現金出納帳・☑売掛帳・☑買掛帳・○経費帳・○固定資産台帳・☑預金出納帳・○手形記入帳
○債権債務記入帳・☑総勘定元帳・☑仕訳帳・☑入金伝票・☑出金伝票・○振替伝票・○現金式簡易帳簿・○その他
(3) その他

❿ 「複式簿記」にチェックをつける。

⓫ 備えつける帳簿にチェックをつける。

関与税理士

つぶやき 「開業届を出していないから申告しない」「申告が遅れる」ことは絶対に避けましょう。

減価償却資産の償却方法の届出書　減価償却で定率法を使いたい人が提出するもの。この届出書を出さなければ、自動的に定額法になる。用紙は税務署に用意されているほか、国税庁のホームページでもプリントできる。新たに事業を開始したときや、すでに持っている減価償却資産とは別の減価償却資産を取得したときに、確定申告書の提出期限までに提出する。

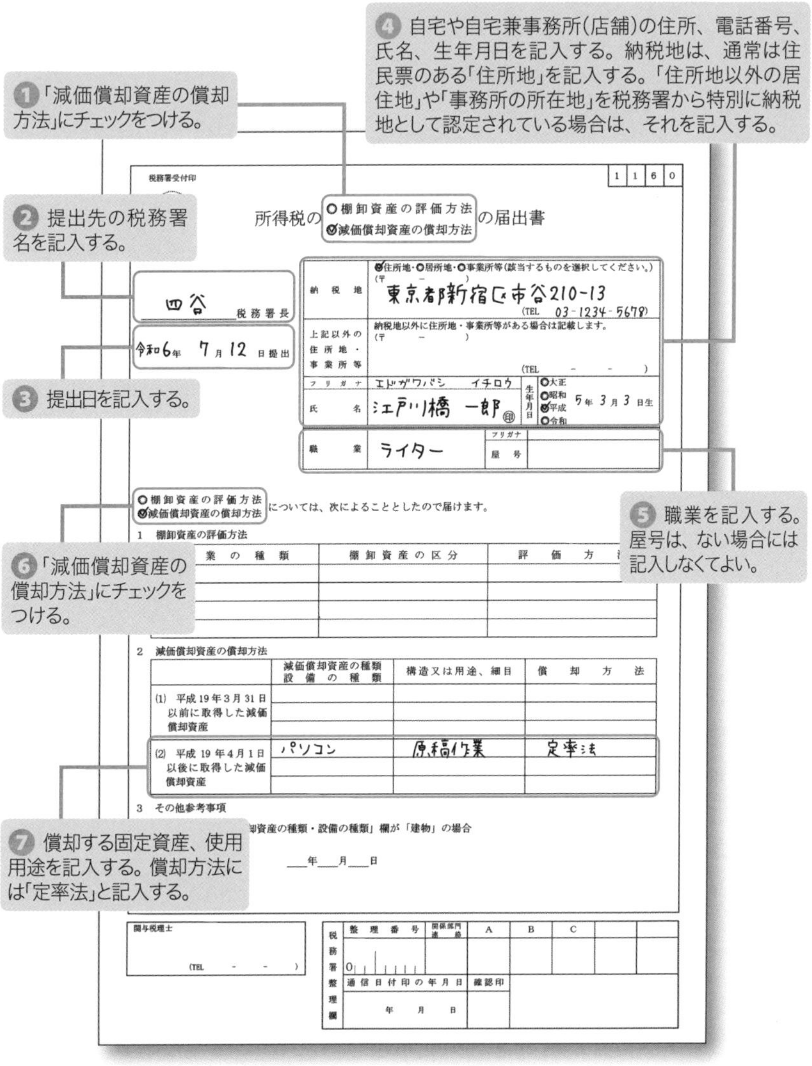

02 「特殊事情」欄の賢い使い方

- □ 青色申告決算書、収支内訳書の端っこにある「特殊事情」欄に目を向けよう。
- □ **うまく使えば税務署との無駄な摩擦を避けられます。**

地味ながら大事な「特殊事情」欄

申告書類の青色申告決算書（白色申告の場合は収支内訳書）には、右上のところに**「本年中における特殊事情」**という欄があります。

これは、１年のうちに生じた特別な事情や、その年に起きた特殊な出来事などを記入する欄です。「特殊事情なんてない」と、たいていの人はこの欄をスルーしてしまっているのではないでしょうか。

しかしながら、**申告書類の中でこの欄はとても大事です。スルーせずにうまく活用したいものです。**

税務署というのは、申告書の不審点をあぶり出し、税務調査を行って追徴税を稼ぐのが仕事です。よって、税務署は常に申告書類の中におかしなところがないか、脱税しようとしている形跡がないか探しています。

とはいえ、いくら税務署といえども、申告書を見ただけで脱税を見抜いたりはできません。まったく脱税と無縁の事業者のところにも税務調査にやって来たりするのはそのためです。

税務調査の誤爆を避ける

事業者としては、そういう誤爆はなるべく受けたくないものです。誤爆されないよう、できるだけの配慮をするべきでしょう。

つまり、**特殊事情の欄を利用して、自分の事業の状況を書き込み、脱税などしていない、ということを明確にするのです。**

特に、**売上が急に上がっているのに納税額があまり増えていない人や、特定の経費が急に膨らんだような人は要注意です。**そういう人は、脱税しているのではないか、という疑いの目を向けられやすいですから。

よって、なぜ売上が増えたのか、なぜ納税額が増えていないのか、なぜ経費が膨らんだのか、ということをできるだけわかりやすく説明しましょう。

「今期は受注が先細ることがわかっていたので、大幅にプライスダウンして赤字覚悟で仕事を増やした。そのため売上は上がっているが、利益はほとんど増えていない」

「今期はOA機器をいくつか買ったので、備品費がかさむことになった」

……自分の事業の状況が伝わる情報を、なるべく詳しく書き入れるといいでしょう。税務署も暇ではないので、疑いのない人のところには税務調査に行きたくありません。申告書類でそれがわかれば、税務署としてもとても助かるのです。

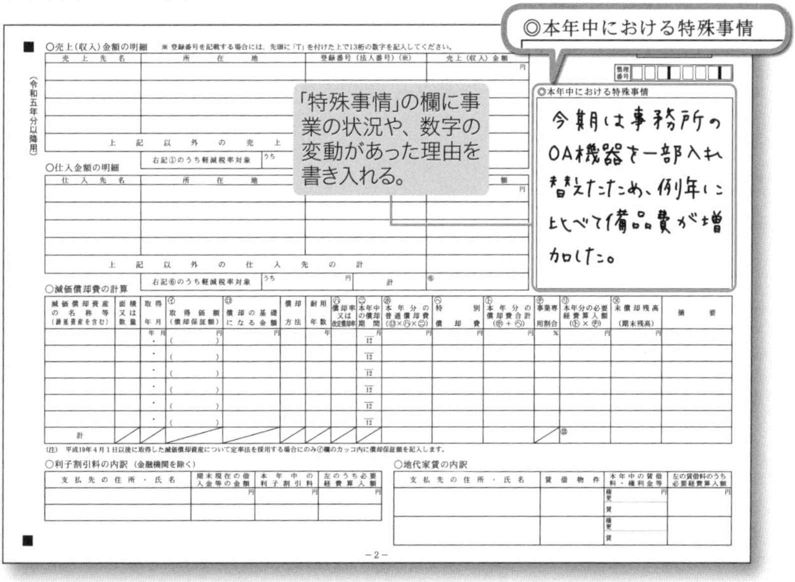
◎本年中における特殊事情
「特殊事情」の欄に事業の状況や、数字の変動があった理由を書き入れる。
○売上（収入）金額の明細
○仕入金額の明細
○減価償却費の計算
○利子割引料の内訳（金融機関を除く）
○地代家賃の内訳
◎本年中における特殊事情
今期は事務所のOA機器を一部入れ替えたため、例年に比べて備品費が増加した。
−2−

つぶやき

「特殊事情」欄に情報を書き入れることは、税務調査の誤爆を避けるための自衛手段になります。

03 申告手続きのウラ技

- [ ] **申告期限を1カ月後ろに倒すやり方があります。**
- [ ] ただし使えるのは1回きりで、65万円（55万円）の青色申告特別控除は受けられません。

申告期限に間に合わなかったら

確定申告の申告期限は３月15日です。

３月ってけっこう忙しいですよね。企業は３月が決算期になっているところが多いので、企業相手の仕事をしている個人事業主やフリーランサーは、３月は大忙しだったりします。

その忙しい時期に確定申告。なんとか時期をずらせないものだろうか、と思ったことがある人もいるでしょう。

では、忙しさのあまり申告が遅れてしまったらどうなるのでしょう？

そのときは税務署から**無申告加算税**が課せられます。加算税 ➜ 39ページ

無申告加算税の税率は、原則として納付すべき税額に対して、50万円までは15%、50万円を超える部分は20%となります。

ただ、これは税務署の指摘を受けた場合のことで、税務署の指摘を受ける前に自主的に期限後申告をした場合には、無申告加算税は納付すべき税額に５%を掛けた額に軽減されます。

とはいえ、しっかり５%の加算税をとられるわけです。忙しさにかまけて遅れてしまうと、ちょっと痛いことになってしまいます。

確定申告の本当の期限は４月15日!?

しかし、しかしです……。じつは、**申告期限から１カ月以内に申告し、納付期限内に税金を納めている場合には、無申告加算税が課せられないのです。**

所得税の納付期限は３月15日です。とりあえず３月15日に税金だけは払っておいて、１カ月以内に申告すれば無申告加算税を免れる、ということです。

3月15日の時点で、まだ納付すべき税金の額がわかっていないときは、**かかりそうな額よりも少し多めに払っておいて、差額分はあとから返してもらえばいいでしょう。**

これは、「うっかりミスの人に加算税を課すのはかわいそうだ」と、申告する意思がある人には加算税を課さない温情措置です。

ただし、過去に申告遅れなどがあった場合は適用されません。また、**1回限りの特別措置**です。そして、**申告期限を過ぎての申告では、65万円（55万円）の青色申告特別控除が受けられなくなります（10万円の特別控除は受けられます）。** 青色申告特別控除 ➔ 48ページ

なお、原稿料収入やイラスト作成料など報酬が源泉徴収されている人で、税金の還付になる人は、申告期限内に申告しなかったとしても、納めるべき税金がないので加算税はかかりません。 源泉徴収と税金還付 ➔ 40ページ

自主的に期限後申告した場合の加算税

未納の税金	×	5%	➔	無申告加算税

税務署の指摘で期限後申告した場合の加算税

未納の税金 50万円以下の部分	×	15%	➔	無申告加算税
未納の税金 50万円を超える部分	×	20%	➔	無申告加算税

いずれの場合も、納税合計額にプラスして延滞税もかかる

つぶやき

申告期限の後ろ倒しが使えるのは1回限り。65万円（55万円）の青色申告特別控除は使えません。十分注意してください。

04 税金を納めすぎたらどうなる？

- [ ] **納めすぎに気づいたら過去5年分までは取り戻せる可能性があります。**
- [ ] 証拠を持参して税務署を訪ねよう。

納めすぎた税金は戻ってくる

「本当はもっと税金が安くなるはずだったのに間違えてしまった。でも、もう申告しちゃったからなぁ」

そんな経験をしたことがある人もいると思います。

そういう場合には、申告期限から5年間のうちに**「更正の請求」**という手続きをすれば、税金が戻ってくる可能性があります。

3月15日が申告期限ですから（15日が土曜日・日曜日にかかるときは翌月曜日が申告期限）、**5年後の3月15日までは税金還付の請求ができます。**

更正の請求というのは、簡単に言えば、間違えていた部分を明らかにして税務署に申請することです。還付の請求の場合なら、税務署がチェックした上で、還付する要件に合致していれば税金の還付が行われます。

税金が不足していた場合は？

反対に、申告額が本来の税金よりも少なかったときはどうなるかというと、この場合は修正申告を提出しなければいけません。

これも過去5年までさかのぼることができます。

自分から修正申告を出さずに、税務署の調査や指導で修正させられた場合は、**過少申告加算税**を払わなければいけなくなります。加算税 → 39ページ **加算税は、追加して払う税金の10～15%です。**よって、少なく申告していることが判明したときは、自分から修正申告を出したほうが安全です。

なお、納めすぎた場合の更正の請求は、ちょっと記載の仕方が面倒なので、申請書の書き方を税務署で教えてもらうといいでしょう。**どこを間違**

えたのかという点と、その証拠になるものを持っていって、「税金を多く申告していたので更正したい」と窓口で申し出ましょう。そうすれば税務署員が更正の請求の申請書について教えてくれます。

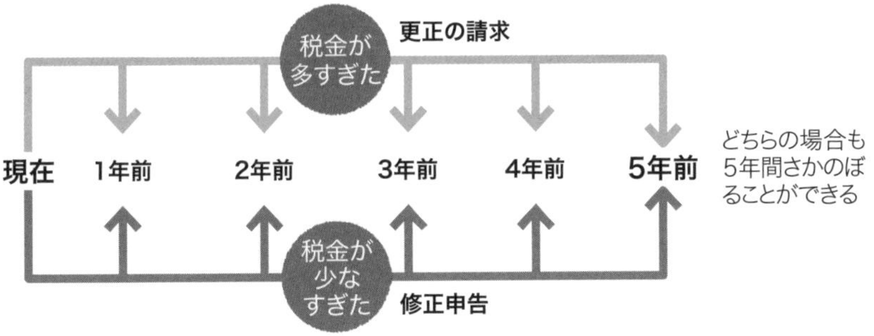

不正をすると7年間さかのぼって追及されることも

もし不正により税金を過少に申告していたことが発覚した場合は、**重加算税（追加して払う税金の35～40%）が課せられた上、最大で7年間もさかのぼって追徴税が課せられることがあります。**

不正というのは、売上を隠したり、架空の経費を作ったりして、ウソの申告をすることです。この不正の金額が大きかった場合（だいたい1億円以上）は、脱税で起訴されることもあります。

逆に言えば、不正ではなく、ちょっとしたうっかりミスでは7年もさかのぼられるようなことはありません。**これまで何度も「売上を抜くのは絶対ダメ」「不正は厳禁」と言ってきたのは、こういう事情もある**からです。

つぶやき

税金の納めすぎに気づいたら、面倒くさがらずに税務署に行きましょう。証拠を持参して、更正の請求の申請書について税務署員に教えてもらえばOK！

05 収入の波が大きい仕事には特例がある!

- ライター、マンガ家、作家などは収入の変動が激しい職業です。
- **そんななりわいをお持ちの人に知っておいてもらいたい特別制度があります。**

収入の振れ幅が大きい人は要チェック

フリーランスの中には、浮き沈みが非常に激しい職業があります。

たとえば物書きや作曲家などのクリエイター系の人たちは、売れたときには多額の税金がかかる一方、将来の保証がまったくないので、かなり不安定です。その不公平感を緩和するために、**所得の変動が大きい職業の人には特別な税金の計算方法があります。**

それが、**「変動所得の特例」**です。対象となる所得は、**原稿料、作曲の報酬、著作権による所得、そのほか漁獲、のり採取、養殖による所得**です。

この制度を簡単に言うと、急に所得が増えた場合、直近3年間の平均所得をベースにして、その平均を上回って増えた所得は、5年で振り分けたことにして税率を決める、というものです。

具体例を挙げましょう。過去2年間は平均200万円の所得しかなかったライターが、今年は急に売れて700万円の所得になったとします。つまり、例年より500万円も所得が増えたわけです。この増額分500万円を過去5年に振り分けると、1年あたり100万円の所得増になります。よって税務計算上、この人の5年間の平均所得は300万円ということになります。所得が300万円なら、所得税率は10%です。所得税の税率 ➜ 21ページ 700万円の所得に10%の税率を掛け、9万7500円を控除した60万2500円が、この人の所得税になります。

所得税は累進課税ですから、700万円の所得があれば、通常は100万円ほどの所得税がかかります。しかし、この変動所得の特例を利用すれば40万円も所得税が安くなるわけです。**この変動所得の特例は、所得の増**

加幅が大きい人ほどメリットが大きくなります。

筆者もライターをなりわいにしています。ライターは正直、一般の人よりも収入が低いです。でも売れ出すと突然大きなお金が入ってきます。印税で収入を得ている人は要チェックの節税方法です。

また、**この方法は、その年が終了したあと、確定申告書の作成段階でもできる節税方法**でもあります。たとえばライターが今年だけ急に売れて何も節税策を講じていなかった場合でも、この変動所得の特例を使えば税金が安くなります。**その年が終了したあとで実行できる策というのはあまりないので、非常に特殊な節税策**と言えます。

変動所得の計算は税務署に聞いてもいい

変動所得を確定申告するのに、**税務署に特別な届出などはいりません。**この特例を利用できる人の要件に合致していればいいのです。

変動所得の計算は、確定申告書の用紙が通常のものとは別になっているので、税務署で申告書を受け取るときに、「変動所得の計算書をください」と申し出て入手する必要があります。申告書が送付されてくる人は、送付されてきた用紙の中には変動所得の計算書は含まれていないので、新たに税務署にもらいに行くか、国税庁のホームページでプリントしてください。

ただ変動所得の計算書の書き方は少し難しいので、あまり自信がない人は税務署で書き方を教えてもらいましょう。この計算書は計算式通りに書いていくものなので、**税務署員に教えてもらっても、自分で書いても、税金は変わりません。**ただし、その年の所得（収入－経費）は、税務署に行く前に自分で算出しておくようにしてください。

つぶやき

所得を自分で算出しておくのは、所得の計算まで税務署員に任せると、厳しく査定されて税金が増えてしまうおそれがあるからです。

06 あなたのところにも税務調査は来るのか？

- □ **ちゃんと営業して申告もしている人のところには税務調査がやって来ても不思議ではありません。**
- □ 「クロ」「グレー」だから調査されるわけではないので注意。

税務調査の本音と建前

事業者にとって税金関係で一番こわいのは、税務署から何か言われることでしょう。

「税務調査に来られたら……」と思うと不安だ、そんな心持ちの人もいるかもしれません。特に、開業してからまだそれほど経っていない個人事業主、フリーランサーの中には、確定申告のたびに落ち着かない人もいるのではないでしょうか。

不安を和らげられるように、どんな人に税務調査が入るのかを説明します。

そもそも税務調査というのは、提出された確定申告書に不審な点があった場合に行う、という建前になっています。確定申告書に何かおかしな点が見つかったり、不正の情報が寄せられたりしたときに調査が行われることになっているわけです。

しかしながら税務署も万能ではありませんので、申告書を見ただけで、「コイツは脱税している！」と見抜けるわけではありません。また、不正の情報なども、そうそう出回るものではありません。

したがって、実際のところは**税務調査をしてみないと本当にアヤしいのかどうかわからないのです**。これはつまり、**税務署は、どんな事業者にも税務調査をする可能性がある**、ということです。

どんな事業者がターゲットになりやすい？

とはいえ事業者は無数にいますから、すべてを調査するわけにはいきません。ある程度の基準を作って調査が行われます。

その基準というのは税務署ごとに違いますし、税務署の各部署でも違うので一概には言えないのですが、**第一には、一定の期間ちゃんと営業して黒字を出している**ことです。

税金をごまかす事業者というのは儲かっている事業者なので、ちゃんと営業していないことには話になりません。

逆に言えば、**一定の期間ちゃんと営業していれば、どんな事業者にも税務調査がやって来る可能性がある**、ということです。

税務調査というと、調査が行われるのは脱税の疑いのあるところだけと思っている人も多く、どこかに税務署が入れば、「あそこは脱税している」といったウワサが立つこともあるようですが、決してそうではありません。**不正などまったくしていなくても税務調査はやって来るのです。**

一定以下の規模の事業者には調査が入りにくい

税務署は、小さな事業者のところにはあまり税務調査に行きません。

具体的に言うと、**都心部ならば売上1,000万円未満のところには、ほとんど行かない**ですね（事業者の少ないところでは、この限りではありませんが）。

税務署の仕事というのは、できるだけたくさんの税金をとってくることなので、税金をごまかしていたとしても少額しか見込めないような小規模事業者は調査対象から外すのです。

ただし、脱税しているという情報を税務署が握ったりすれば、小規模事業者にも税務調査が入ります。たとえば、簿外口座に売上代金を振り込ませていることなどをキャッチしたときです。小規模事業者でも悪質な行為をしていれば調査の対象になります。

つぶやき **「シロ」「クロ」「グレー」は、税務署も調査をやってみないとわからないことが多いのです。**

どんと来い！税務調査

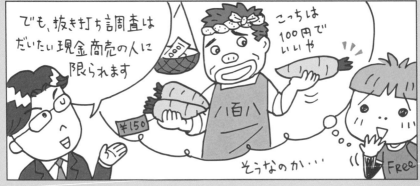

ちゃんと営業している事業者にはいつでも税務調査が入るかもしれないのか・・・
ふむふむ
でも、フリーでやってる人のところばっかり！
ぷりぷり
なんかズルいな〜
Free
そんなことないですよ
副業などをしていればサラリーマンのところにも税務調査は来ます
え？ほんと？
オレのとこにも？
個人事業主にしてもサラリーマンにしても納税者にとって困るのは抜き打ち調査でしょうね・・・
ためも！！
ドンドン
たしかに・・・
Free
でも、抜き打ち調査はだいたい現金商売の人に限られます
こっちは100円でいいや
¥150
八百八
そうなのか・・・
Free

それと、税務調査は事業の邪魔をしないという建前があります。だから調査中だって、ふつうに仕事ができるんですよ
メ切が…
外で仕事をしていても いいんです。連絡が取れて、質問に答えられるようにしておけばね
もしもし
ドキドキ
領収書
押収資料
いいかげんにしなさい!
どんっ
家の中を洗いざらいとか
厳しく尋問とか、そういうのじゃないんですね
ほっ
事件の捜査とは違いますよ。税務調査は紳士的に行われますし、納税者はイヤなことがあればイヤだと言っていいんです!
わかりました!

07 税務調査は逃れられないのか?

- 任意調査とは言いつつも完全な「任意」ではありません。
- **税務署の言うことをうのみにせず、自分で判断するようにすべきです。**

税務調査には「強制」と「任意」がある

税務調査には２種類あります。「強制調査」と**「任意調査」**です。

「強制調査」というのは、いわゆるマルサ（国税局査察部）の調査で、起訴されるような大がかりな脱税に対して行われるものです。マルサは裁判所の許可状をとっていますので、この調査を断ったり逃れたりするすべはありません。しかし強制調査は、だいたい１億円以上、少なくとも数千万円の脱税が疑われるようなところにしか行きません。よって、普通の個人事業主、フリーランサーが強制調査を受けることはまずありません。

一方で「任意調査」というのは納税者の任意で行われるもので、税務調査のほとんどが、この任意調査です。**あなたがもし税務調査を受けるとしたら、ほぼ任意調査だと思って間違いありません。**

任意調査といっても、納税者が調査をまったく断ってしまうようなことはできません。税務署は、税金に関してはどんなことでも質問したり、調べたりできる権利があります。そして納税者には、税務署が質問したことに答えなければいけない「**受忍義務**」があります。

もし税務署の質問にウソの回答をしたり、知っていることを黙っていた場合にはペナルティの対象になります。ですから、**任意調査といっても完全な任意ではありません。任意と強制の中間あたり**と考えておけばいいでしょう。

ただし、**正当な理由がある場合は税務調査を断ることもできます。**たとえば、税務署が「何月何日に調査をしたい」と伝えてきたとき、その日に大事な用事がある場合は税務調査を延期してもらうことができます。予告のないまま税務調査にやって来たときも、その日にどうしても外せない用事があるときは延期してもらえます。

また、税務調査の最中に税務署が税金と関係がないことを調べることも拒否できます。調査官が事務所の机の中を調べるときは、納税者の許可を受けた上でないとできません。もし何の断りもなく机の中や書類棚をのぞこうとすれば抗議できますし、あまりにひどい場合は、それを理由に調査を中止してもいいのです。税務署がやって来るからといって、何から何まで調べられるわけではありません。

税務署の言うことをうのみにしていると

税務署の言うことはすべて正しい、と思ったら大間違いです。税務署は追徴税をとるのが仕事です。そのためには大事なことを黙っていたり、ときにはハッタリをきかせることだってあります。

税金のマニュアル本などに、「税務署の担当者によって見解が違う」と書かれていることがありますが、税金が法に則ってきっちり決められているのなら、そういうことは起きないはずです。前にも述べたように、税金の世界というのは、あいまいな部分がたくさんあります。税務署は税金を少しでも多くとるのが仕事ですから、**税務署の言う通りにしていたら、あいまいな部分もすべて税金をとられるほうに解釈されかねません**。そして、その税務署の解釈がいつも正しいのかというと、決してそうではありません。

たとえば、納税者と税務署の見解が割れたときには、最終的には「税務訴訟」という裁判に持ち込まれます。この税務訴訟では、税務当局側が敗れることもしばしばあります。このように、「税務署がすべて正しい」とは、とても言えないのです。

つぶやき

税務署は「納めすぎても黙っているけれど、足りなかったら文句を言う」ところ。それが彼らの仕事ですから、納税者は税務署の体質を理解した上で対応するべきです。

どんと来い！税務調査その2

抜き打ち調査は現金商売の人が対象なんですね
抜き打ち調査は
抜き打ちで調査するのは、どうしてもそれが必要な事業者に限られます。具体的には、小売店、飲食店などの現金商売者や、不正の情報がある事業者などです
○○商店
レストラン
ブラック
なんで小売店や飲食店は抜き打ちなんですか？
領収書のやりとりがないことが多いので、悪意のある人が売上金を隠してしまえばカンタンに脱税が成立してしまいます。だから裁判所からも認められているんです！
ヒヒヒ
こっそり
こんなかな？
カレンダー
抜き打ち以外の場合は事前に連絡があるんですよね。だいたいどれくらい前にアポがあるんですか？
少なくとも1週間より前に連絡がありますよ
1週間前か…
スケジュール

1週間前じゃ予定の調整がつかないこともありますよね。1週間前の連絡は打診です。この日に調査をしていいですか、と。予定が合わない場合は別の日にしてもらうこともできます
カレンダー
ふむふむ
スケジュール
じゃあ、ずっと予定が合わないことにして税務調査を受けないなんてことも・・・ ・・・
イシシ・・・
スケジュ
それは無理!! 必要な税務調査は受ける義務があります!
おおっ
バッ
故意に税務調査を避けているとなればペナルティを科されたり、抜き打ちで調査されることもありますよ。常識の範囲内で予定の調整をするようにしてくださいね!
てへへ
抜き打ち
ペナルティ
やっぱりダメか
FREE

08 確定申告でもデジタル化は待ったなし

☐ **令和6年から一部の電子取引データの電子保存が義務に。**
☐ 優良な電子帳簿を保存するかe-Taxをすることで青色申告特別控除が満額になります。

電子取引データ保存の義務化とは？

現在、国は事業者の経理の電子化を強く進めています。その一環として、令和６年から**電子取引データを電子保存することが義務となりました**。これまで電子取引データを紙に打ち出して保存することも認められていましたが、令和６年以降は電子保存が義務づけられたのです。

保存方法も、ただ電子保存すればいいわけではなく、改ざん防止など国税庁が定める方法をとらなくてはなりません。もっとも、国税庁が定める方法といっても、そう難しいものではなく、国税庁のマニュアルを見れば簡単にできます。

また、**電子保存が「義務」となったのは電子取引データ「だけ」です**。電子取引データというのは、請求書や領収書などの取引証票類が紙ではなく、デジタル文書で作られたものです。

つまり、請求書や領収書のやりとりをデジタル文書で行っている個人事業主、フリーランサーは、そのデータを電子保存しなくてはなりませんが、紙でやりとりしている人は、それを電子保存する必要はないのです。

青色申告の特別控除は３段階に分かれる

国は、事業者の経理の電子化を促すために特典を用意しています。国税庁が指定する「優良な電子帳簿」の保存をすると、青色申告の特別控除として65万円を所得から差し引くことができます。あるいは、優良な電子帳簿の保存をしていなくても、複式簿記を行った上でe-Taxによって確定申告をすると、同じく65万円を所得から差し引くことができます。 青色申告の

特典 ➜ 48ページ

青色申告の特別控除は3段階に分かれています。複式簿記でない簡易な記帳の場合は10万円を所得から差し引ける「**10万円控除**」、複式簿記などの記帳整備をしていれば55万円を所得から差し引ける「**55万円控除**」、そして「優良な電子帳簿」or「複式簿記＋e-Tax」の条件をクリアした場合の「**65万円控除**」です。

優良な電子帳簿の保存とe-Tax

優良な電子帳簿の保存は、「修正等の履歴が残ること」「各帳簿間で相互関連性があること」「日付、金額、相手先で検索機能があること」の３つの条件をクリアして、総勘定元帳、仕訳帳などを電子帳簿で残すことです。**３つ目の検索機能は、前々年の売上が5,000万円以下の事業者はなくて構いません。また、検索自体はできなくても、税務署の調査官が要望したときに取引内容をすぐに提示できるようにしていればなくても構いません。**

また、優良な電子帳簿を保存して65万円控除を受けた人が、もし税務申告にミスがあって過少申告となった場合、本来は10%課せられる過少申告加算税が５%に減額されます。 加算税 ➜ 39ページ

これらの特典を受けるには、確定申告の期限内に、「国税関係帳簿の電磁的記録等による保存等に係る65万円の青色申告特別控除・過少申告加算税の特例の適用を受ける旨の届出書」を所轄の税務署に提出する必要があります。

つぶやき

65万円控除の別の条件であるe-Taxは、インターネット上で確定申告や納税ができる国税庁が運営するシステムです。優良な電子帳簿を保存しなくても、複式簿記＋e-Taxで確定申告をすれば控除額は満額になります。

フツーのスキャナで電子保存

電子帳簿保存法という法律によって電子取引データは電子保存することが義務になったんですが知っていますか?
?電子取引データ?
電子取引データは、請求書や領収書などの取引証票類をデジタル文書で作ったものです。これまで電子取引データを紙に打ち出して保存することも認められていましたが、令和6年からは電子保存が義務づけられました
まだわたしのところは紙の書類だからあんまり関係ないのかな
領収書
紙でもスキャナで電子保存する方法もあります。スキャナで保存すれば、請求書や領収書を紙で残しておく必要がなくなりますよ
請求書
スキャン
へ〜 それはけっこう便利かも

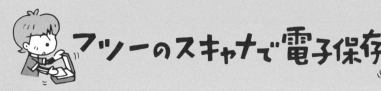

ただし
スキャナで保存するにも一定の条件がありまして
やっぱり。
国税庁が定める条件ーってやつですね
バーン
国税庁
といっても解像度が200dpi以上であること、カラー画像による読み取りができることなどです。
お金やモノの流れに直結しない一般書類だったらグレースケールの画像で残してもいいことになっています
いまのスキャナなら問題なし
それなら安心♪
スキャナ保存をはじめる前に手続きとかいるんですか？
いえいえ
事前の手続きは必要ありません。
画像などの条件さえクリアしていれば誰でもすぐにはじめられますよ
家のスキャナ見てみよっと

電子帳簿のハードルは？

複式簿記
e-Tax
電子帳簿
青色申告で65万円の控除を受けるには、複式簿記+e-Tax or 電子帳簿なのか
電子帳簿ってどういうものなんですか？
イメージわかない…
電子帳簿は、国税庁が定める要件をクリアした会計ソフトにより作成されて保存される帳簿のことです。証票類はスキャナで保存することも認められています
なんか難しそう……
誰でもできるものなんですか？
時間や労力はかかりますが、頑張ればできないこともないと思いますよ
ふっ
あなたは経理オンチだけど
ほっといて…

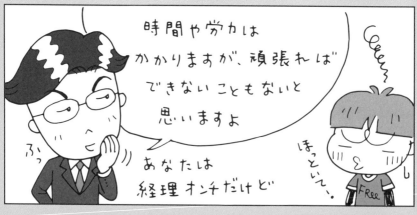

国税庁が定める電子帳簿にはいくつか条件がついているんです
主なものは改ざん防止の処理がされていること、検索機能がついていること、などです
じゃあ特別な会計ソフトがいるんですか?
会計ソフト
FRee
市販のソフトでも要件を満たしていればOKです。日本文書情報マネジメント協会(JIIMA)の認証を受けたソフトは要件を満たします
市販ソフト
OK
JIIMA認証
それで、65万円控除と55万円控除ってどれくらい税金が変わるんですか?
だいたい2〜3万円くらいですかね
う〜ん
そのくらいなんだ。でもこれからを考えたら、やっぱり準備が必要なんだろうな

09 e-Taxのはじめ方、進め方

- e-Taxをするには事前にマイナンバーカードかIDを発行してもらう必要があります。
- **はじめてのe-Taxは十分余裕を持って準備するのがオススメ。**

e-Taxのおおまかな流れ

e-Taxの手順は、おおまかに言うと次のようになります。

まず、ご自分のパソコン環境でe-Taxが利用可能かどうかをチェックします。利用可能であれば、「マイナンバーカード方式」か「ID・パスワード方式」のどちらかを選びます。そして、国税庁ホームページの「確定申告書等作成コーナー」で申告内容の入力などを行います。最後に申告内容を確認して送信します。

使っているパソコンでe-Taxが利用できるかどうかを確認する

↓

「マイナンバーカード方式」か「ID・パスワード方式」のどちらかで認証を受ける

↓

「確定申告書等作成コーナー」で申告内容を入力する

↓

申告内容を確認してインターネットで国税庁に送信する

「ネットにつながっていればなんでもOK」ではありません

e-Taxをはじめる前に、まずe-Taxができるパソコン環境なのか確認します。

Windowsパソコンのほか、クリエイター系職業の人が御用達のMac OSのパソコンや、スマホからでもe-Taxができます。

国税庁が推奨しているWindowsの環境は次の通りです。推奨する環境というのは、国税庁で動作を確認した環境のことです。マイクロソフト社のサポート期間が終了したWindows 8.1が外れていることに注意してください。

OS	ブラウザ	PDF閲覧
Windows 10	Microsoft Edge Google Chrome	Adobe Acrobat Reader
Windows 11		

Adobe Acrobat Readerは、PDFファイルを閲覧するためのソフトで、多くのパソコンにはじめからインストールされています。入力した申告内容を表示したり印刷するときに使います。もし入っていない場合は、https://get.adobe.com/jp/reader/ から無料で入手できます。

e-Taxをするには２つの方法がある

e-Taxをするには事前準備が必要です。税務申告には「本人確認」と「セキュリティの確保」が必須なので、そのための手続きをしなくてはならないのです。

e-Taxをするには２つの方法があります。

１つ目は、「**マイナンバーカード方式**」です。これは、**マイナンバーカードを取得している人が、マイナンバーカードとICカードリーダー、あるいはマイナンバーカードとスマホを使って身分を証明して申告する方法です**。

マイナンバーカード方式では、あらかじめマイナンバーカードを取得しておきます。また、マイナンバーカードを読み込むためのICカードリーダーも準備します。ICカードリーダーは、だいたい1,000～3,000円くらいで、ネットショップや家電量販店で売られています。

ICカードリーダーをお持ちでない場合は、スマホをICカードリーダーの代わりに使います。マイナンバーカードの読み取りに対応したスマホに、デジタル庁の「マイナポータル」アプリをインストールすることでマイナンバーカードの読み取りができるようになります。マイナポータルアプリはGoogle Playストア、App Storeで検索すればすぐに見つかります。

スマホはiPhoneでもAndroidでもOKで、執筆時点では、iPhoneは「iOS 14以上がインストールされたiPhone 7以降の機種」、Androidは466機種が対応機種として挙げられていました。実際のところはそこまで厳密なものではなく、あまり古い機種でなければ、スマホでマイナンバーカードの読み取りは問題なしと考えてもらって大丈夫です。

マイナポータルアプリに対応したマイナンバーカードを読み取れるスマホ
https://faq.myna.go.jp/faq/show/2587?site_domain=default

ICカードリーダーとマイナポータルアプリ

税務署でIDを発行する方法

もう１つの方法は、マイナンバーカードを取得していない人向けです。**「ID・パスワード方式」**と言い、**税務署に直接出向いて、IDとパスワードを発行してもらいます。**

税務署の窓口に足を運び、税務署員に本人確認をしてもらい、その場でIDとパスワードを発行してもらいます。運転免許証などの本人確認書類が必要です。

以前はマイナンバーカード方式の一択で、マイナンバーカードが必須だったのですが、不評によりID・パスワード方式が導入されました。

ID・パスワード方式は、マイナンバーカード方式と比べると、税務署が受領した申告の内容を確認できないなど、若干ですが利便性で劣る点があります。

ID・パスワード方式は、e-Taxを普及させるために暫定的にとられている措置です。国税庁はマイナンバーカード方式に限定するつもりで、いずれはID・パスワード方式は取りやめの予定となっています。

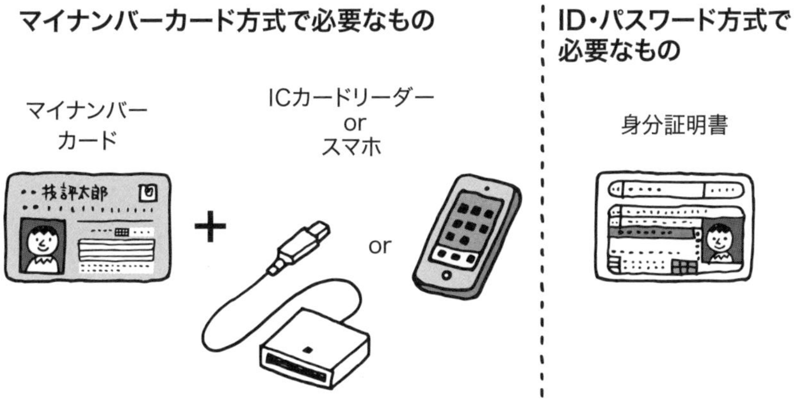

e-Taxでの申告書の作り方

e-Taxで確定申告書を作るのに、それほど高度なパソコンの知識は必要ありません。

e-Taxをはじめるための準備は少し面倒ですが、操作自体はそう難しいものではなく、確定申告書を作るだけの知識と、ネットショッピングができるくらいのパソコンの知識があれば問題なくできるはずです。

基本的には、国税庁ホームページの「確定申告書等作成コーナー」で画面の指示に従って入力していけばOKですが、その手順を簡単に説明しておきます。

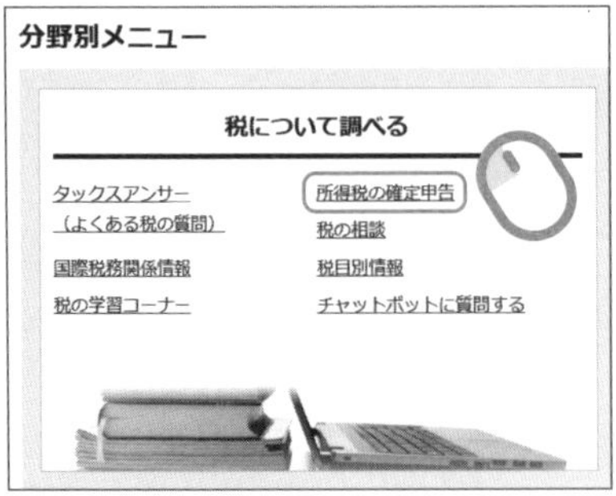

まずは、国税庁ホームページにアクセスします。URLはhttp://www.nta.go.jp/ ですが、「国税庁」で検索すればすぐに出てきます。

ホームページの中段に「所得税の確定申告」というメニューがあります。ここがe-Taxの入り口です。

「確定申告書等作成コーナー」→「作成開始」をクリックすると、「スマートフォンを使用してe-Tax」「ICカードリーダライタを使用してe-Tax」「ID・パスワード方式でe-Tax」というボタンが出てきます。自分が該当するボタンをクリックしてください。

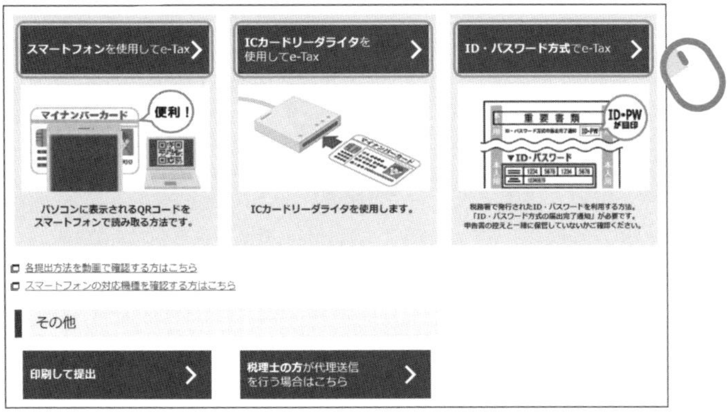

e-Taxで申告せずに、システムの入力機能を使って確定申告書を作り、提出は従来通り書面（紙の確定申告書）で行いたいという人は、「印刷して提出」ボタンをクリックします。「確定申告書等作成コーナー」は、入力画面がそれなりにわかりやすく作られているので、初心者の人や、それほど複雑でない申告をする人などは使いやすいかもしれません。「確定申告書等作成コーナー」の機能を使って確定申告書を作り、提出は紙の申告書で行うのもアリです。

「令和〇年分の申告書等の作成」をクリックすると、「所得税」「決算書・

収支内訳書」「消費税」「贈与税」という4つのボタンが出てきます。確定申告書を作成するには、まず「決算書・収支内訳書」を作らなければならないので、「決算書・収支内訳書」ボタンをクリックします。

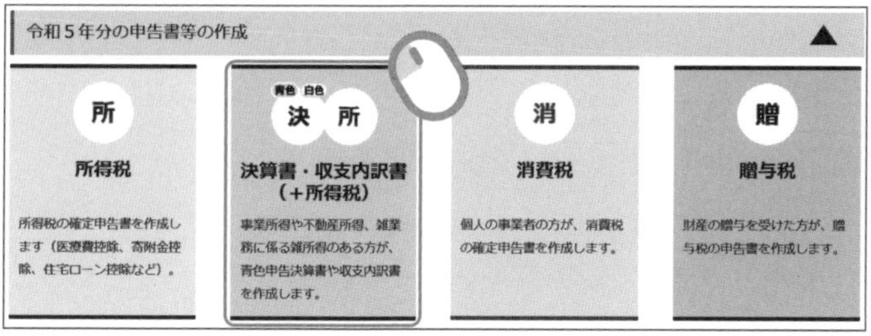

※執筆時点では、まだ「令和5年分」となっていました。

次に、「マイナポータル連携の選択」画面が出てきます。マイナポータルは、行政手続きの検索やオンライン申請などができる、国が運営するオンラインサービスです。

マイナポータルと連携することで、たとえば医療費控除を受けるための医療費の内訳が自動的に反映されるなどのメリットがあります。手入力が不要なので、早く正確です。また、生命保険料控除を受けるための証明書や、小規模企業共済や確定拠出年金で小規模企業共済等掛金控除を受けるための証明書、住宅ローン控除を受けるための証明書など、**マイナポータルと連携することで簡単に取得できる書類が年々増えています**。

マイナポータルと連携しなくても確定申告書の作成に支障はありませんが、一度連携してしまえば次の年も使えますから、余裕がある人は「マイナポータルと連携する」を試してみるとよいでしょう。連携するかしないか、どちらかを選択した上で「次へ進む」をクリックします。

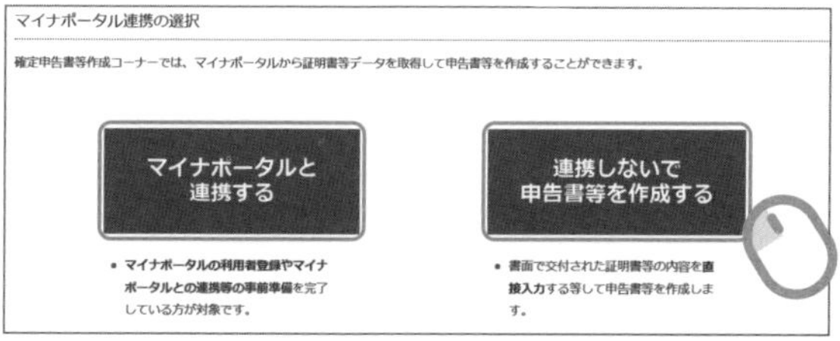

208ページの画面で「印刷して提出」以外をクリックした場合は認証を行います。マイナンバーカード方式の人はICカードリーダーや対応するスマホでマイナンバーカードを読み取り（下の画面の左側）、ID・パスワード方式の人は利用者識別番号と暗証番号を入力します（下の画面の右側）。

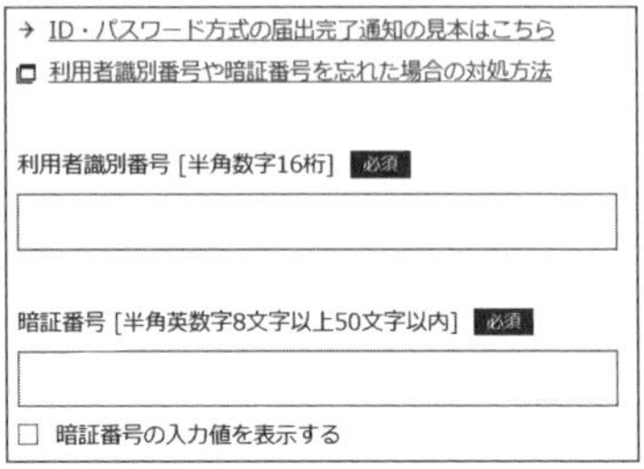

認証に成功すると、次の３つの項目が出てきます。

この３つのうち、自分が該当する項目（青色申告者は一番左、白色申告者はまん中）にチェックを入れて、「次へ進む」をクリックします。

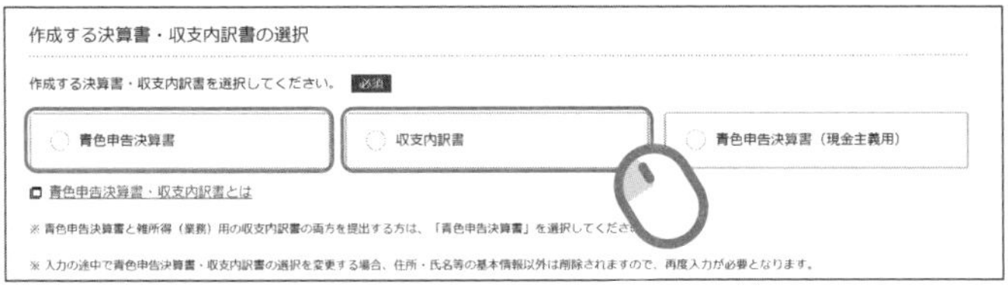

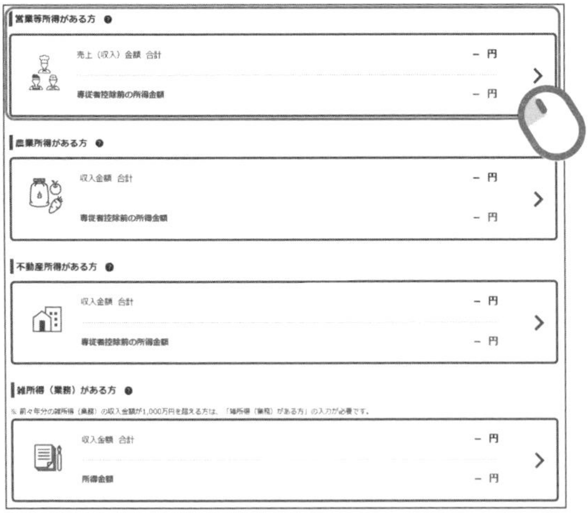

左の画面は、「収支内訳書」にチェックを入れた場合です。上から順番に、営業等所得用、農業所得用、不動産所得用、雑所得用です。

自分が該当する項目（個人事業主、フリーランサーは営業等所得）をクリックすると、紙の収支内訳書 →247ページ と同じような入力画面が出てきます。画面の指示に従い、上から順に入力していってください。

まず「収入金額」の欄を入力します。次に「売上原価」の欄を入力します。売上原価というのは、商品を製造もしくは仕入れるための費用です。その次に「経費」の各項目を入力していきます。また、専従者控除 →78ページ を受ける人は専従者の氏名や続柄などを入力し、税務署に伝えたいことがある人は「本年中における特殊事情」→182ページ 欄も入力します。各項目の入力が終わったら、「次へ進む」をクリックすると、自動的に収支内訳書が完成します。

「所得金額の確認」画面が出てくるので、入力した内容を確認してから「次へ進む」をクリックします。

所得区分	① 専従者控除前の所得金額	② 専従者控除額	③ 所得金額（①−②）
営業等所得	5,000,000円	0円	5,000,000円
農業所得	−円	−円	−円
不動産所得	−円	−円	−円
雑所得（業務）	−	−	−円

※ 雑所得の金額の計算において、事業専従者控除を受けることはできません。

Part5 誤解だらけの確定申告

次の画面で納税地の住所、提出先税務署、氏名などを入力して、「次へ進む」をクリックします。

次に「送信方法の選択」をします。収支内訳書に入力したデータを引き継いで確定申告書を作成し、収支内訳書と確定申告書を一緒に送信する場合は上のボタンにチェックを入れます。下のボタンは、市販の会計ソフトなどを利用して送信する場合にチェックを入れます。会計ソフトを使わない人は、上のボタンを選択してください。

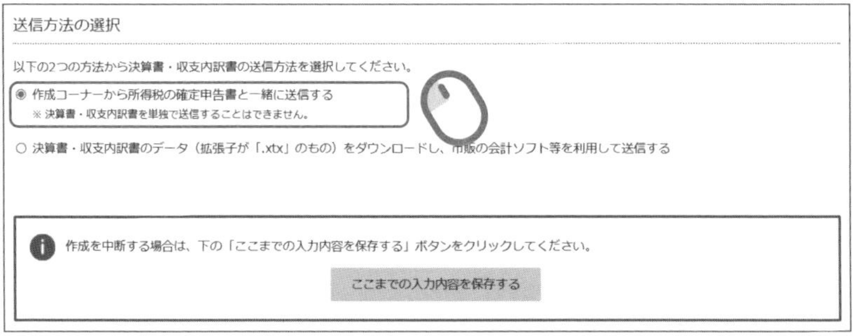

次の画面では、Adobe Acrobat Readerを使って収支内訳書を表示したり印刷することで、入力した内容に間違いがないか確認できます。「帳票表示・印刷」ボタンを押して確認したら「次へ進む」をクリックします。

確認する帳票の選択
確認する必要がない帳票（PDFファイル）については、チェックを外してください。
項目名
容量
収支内訳書（一般用・営業等）【控用】
23KB
確認の留意事項・手順
PDFファイルを表示・印刷するには、必ずAdobe Acrobat Readerを使用してください。
お持ちでない方は、以下のボタンからダウンロードしてください。
GET Adobe Acrobat Reader
帳票の確認方法
手順1　下の「帳票表示・印刷」ボタンをクリックし、PDFファイルを保存してください。
手順2　保存したPDFファイルをAdobe Acrobat Readerで表示し、内容に誤りがないか確認してください。
Adobe Acrobat Readerで表示できているか確認する方法はこちら
プリンタをお持ちでない方はこちら
帳票表示・印刷

「所得税の申告書作成はこちら」「消費税の申告書作成はこちら」という２つのボタンが出てきます。「所得税の申告書作成はこちら」をクリックすると、収支内訳書に入力したデータが所得税の確定申告書に引き継がれます。

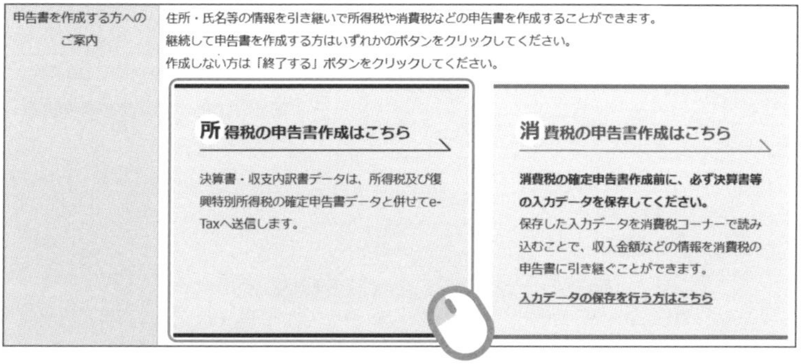

「申告書の作成をはじめる前に」の画面が出てきます。生年月日をプルダウンリストから選択し、「申告内容に関する質問」に「はい／いいえ」で答えます。

申告書の作成をはじめる前に

トップ画面 ▶ 事前準備 ▶ **申告書等の作成** ▶ 申告書等の送信・印刷 ▶ 終了

申告される方の生年月日

平6 ✓ 年　5 ✓ 月　3 ✓ 日

入力した生年月日は、申告書等への還付金が生などに使用します。

作成する確定申告書の提出方法

● e-Taxにより税務署に提出する。

○ 確定申告書等を印刷して税務署に提出する。

申告内容に関する質問

質問	回答
給与以外に申告する収入はありますか？ 年金収入がある場合は「はい」を選択してください。 退職収入がある場合は「はい」を選択してください。	はい・いいえ
税務署から青色申告の承認を受けていますか？ 青色申告とは、事業所得や不動産所得等を生ずる業務を営む方が、青色申告承認申請書を税務署に提出して承認（みなし承認を含む。）を受けて行う申告のことです。	はい・いいえ
税務署から予定納税額の通知を受けていますか？ ☐ 予定納税についてはこちら	はい・いいえ

「次へ進む」をクリックすると、紙の確定申告書 → 250ページ と同じような入力画面が出てきます。紙の申告書に数字を記載するのと同じように数字を入力していきます。

「事業所得」の「訂正・内容確認」ボタンを押してください。「帳簿の種類」をプルダウンリストから選びます。白色申告で、優良な電子帳簿か会計ソフトで作成した帳簿か複式簿記でない人は、4の「簡易な方法」を選びます。また、同じ画面の下のほうで「源泉徴収されている収入の内訳入力」ができます。すでに源泉徴収されている分があれば、源泉徴収された額を入力します。 源泉徴収と税金還付 → 40ページ

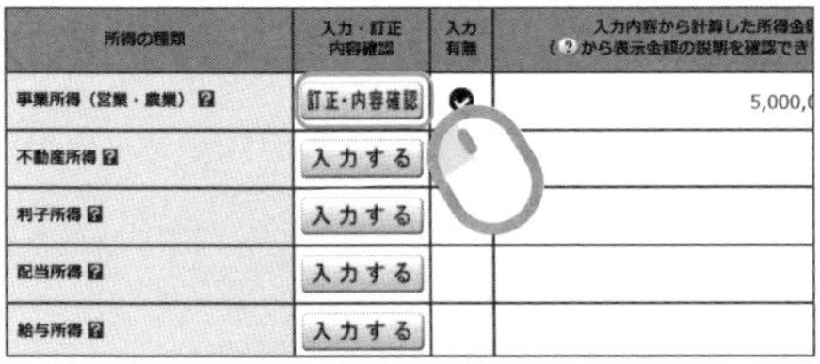

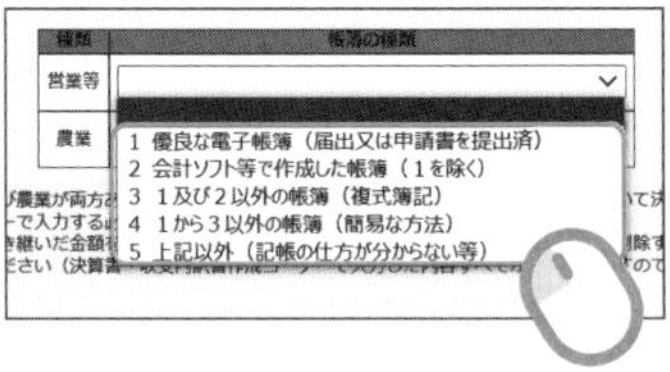

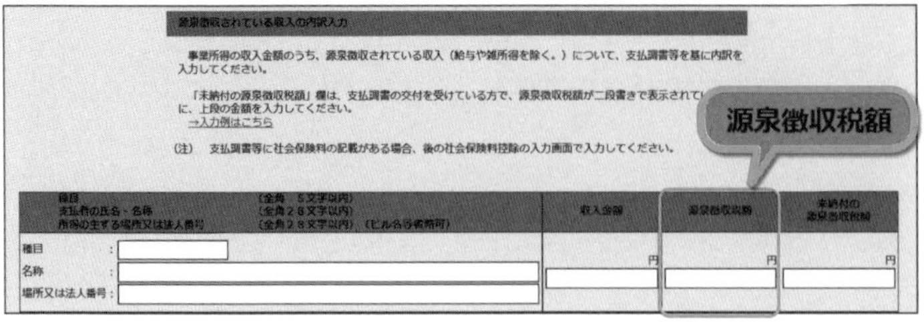

雑損控除や医療費控除などの所得控除を入力し、もしあれば住宅ローン控除（住宅借入金等特別控除）などの税額控除 ➔ 144ページ や、専従者控除額なども入力します。

所得控除　　（単位：円）

所得控除の種類（各所得控除の概要はこちら）	入力・訂正 内容確認	入力有無	入力内容から計算した控除額（?をクリックすると表示金額の解説を確認できます。）	
雑損控除 ?	入力する			?
医療費控除 ?	入力する			?
社会保険料控除 ?	入力する			?
小規模企業共済等掛金控除 ?	入力する			?
生命保険料控除 ?	入力する			?

税額控除の種類	入力・訂正 内容確認	入力有無	入力内容から計算した控除額（?から表示金額の説明を確認できます。）	
配当控除 ?				?
投資税額等控除 ?	入力する			?
（特定増改築等）住宅借入金等特別控除 ?	入力する			?

項目	入力・訂正 内容確認	入力有無	入力内容等
予定納税額			
専従者控除額の合計額 ?	入力する		

確認の画面がたくさん出てきてけっこう面倒なのですが、基本的には指示に従って入力すれば問題なく作成できます。

もし不明な点があれば、その場で電話して聞いてみましょう。「e-Tax・作成コーナーヘルプデスク」という専用窓口を国税庁は用意しています（http://www.e-tax.nta.go.jp/toiawase/toiawase2.htm）。筆者も疑問点を電話で質問したことがありますが丁寧に教えてもらえました。

確定申告の証明はどうすればいい？

事業をしている人が確定申告をするときは、税務署に提出する際に確定申告書の控えに収受印を押してもらうことが多かったはずです。

銀行から融資を受けたり、公的な助成金などの申請をするときに、確定申告書のコピーの提出を求められることがあります。その際に税務署の収受印がなければ、本物の申告書のコピーと認められなかったのです。

しかし、収受印は令和７年から廃止されることが決まっています。国税庁は、金融機関などに今後は収受印を証明として使用しないように呼びかけています。ではどうすればいいのかというと、**e-Taxで申告すれば収受印と同様の証明が得られます**。

e-Taxで送信したあと、「確定申告書等作成コーナー」の作成コーナートップにある「メッセージボックス」に、税務署から「所得税及び復興特別所得税申告」というメッセージが届きます。

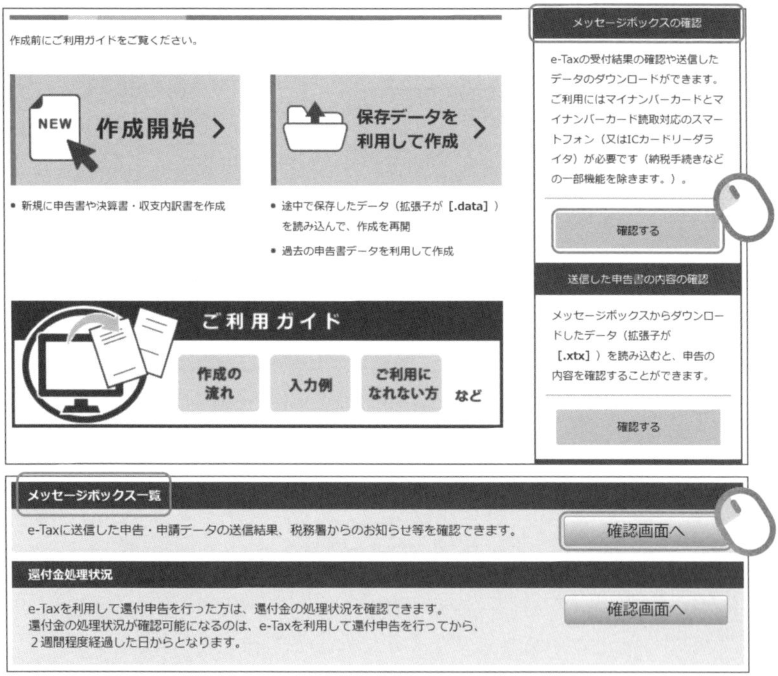

このメッセージが届いたとき「受付結果」の欄は「受付完了」という表示になっています。

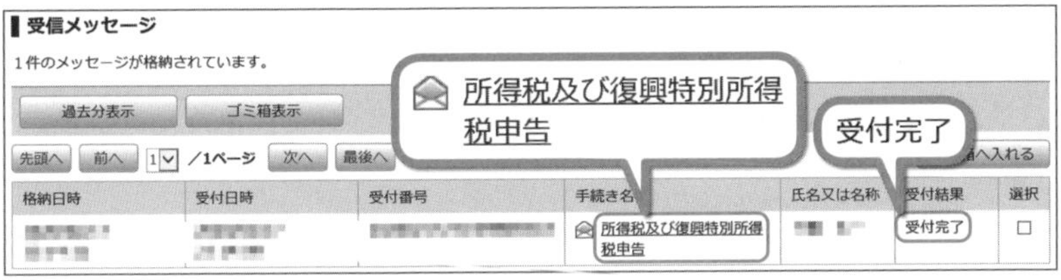

この「所得税及び復興特別所得税申告」には、提出先の税務署、提出者の氏名、受付日時、所得金額、納める税金などのデータが表示されます。これを紙に打ち出せば、従来の税務署の収受印の代わりになります。

提出先		[illegible]
利用者識別番号		[illegible]
氏名又は名称		[illegible]
受付番号		[illegible]
受付日時		[illegible]
年分		[illegible]
種目		[illegible]
所得金額		[illegible]
第３期分の税額	納める税金	[illegible]
	還付される税金	[illegible]
「所得金額」欄について		所得金額は、申告書第一表の所得金額欄の「合計」欄の金額を表示しています。

「所得税及び復興特別所得税申告」の内容を見るためには、ID・パスワード方式ではなく、マイナンバーカード方式でe-Taxをする必要があります。ID・パスワード方式では、「所得税及び復興特別所得税申告」が届いたというメッセージが来るだけで、「所得税及び復興特別所得税申告」の内容までは見ることができません。

つぶやき

「マイナポータル連携」は、デジタル庁が推している機能。控除証明書などのデータを取得し、該当項目へ自動入力してくれます。自動入力がうまくいかなければ、あとから自分で手入力することもできます。

Part 5 の フリカエリ

開業届は税務署に提出していなくてもペナルティはない。青色申告の申請書、減価償却方法の届出書は提出しないと適用されない。

青色申告決算書、収支内訳書の右上にある「本年中における特殊事情」欄は、税務署よけに使える。

申告期限に間に合わなくても無申告加算税を回避する方法がある。ただし使えるのは1回きりで、65万円（55万円）の青色申告特別控除は受けられない。

税務調査の任意調査は完全な「任意」ではない。調査対象者には黙秘権がなく、調査官の質問には本当のことを答える義務がある。

紙の請求書や領収書は電子保存が義務化されていないが、デジタル化はこれからも進む。電子への切り替えを検討する。

青色申告特別控除を満額受けるには、「優良な電子帳簿」か「複式簿記＋e-Tax」をクリアしなければならない。

e-Taxをはじめるための準備はやや面倒だが、パソコン操作は慣れてしまえば簡単。

Part 6

消費税対策講座

納税者には
所得税だけでなく、消費税も頭の痛い問題。
令和5年スタートのインボイス制度により、
個人事業主やフリーランサーも
消費税を放置できなくなった。
消費税の基本と申告の仕方をインプットしておこう。

01 消費税を知らないと大変なことになる!

- [ ] 年間売上が1,000万円を超えると消費税の納付をしなければいけなくなります。
- [ ] **消費税納税額の計算の仕組みを押さえよう。**

事業をはじめれば消費税の「納付者」になる

最近、独立開業したばかりの人はあまりピンとこないかもしれませんが、**個人事業主、フリーランサーは消費税を納付することになる可能性があります**。

日本で生活している人ならば、誰でも買い物するときに消費税を払っています。その払った消費税は、レジから自動的に税務署に納付されるわけではありません。お店がいったん消費税を預かり、1年分の消費税を集計して納付しています。**これはモノを売っているお店だけの話ではありません**。サービス業、製造業など、ほとんどすべての業種で、売上金を受け取るのと同時に消費税を預かり、税務署に納付することになっています。

また、以前は、消費税の対象になる売上が年間3,000万円以下の事業者は消費税の納付を免除されていました。しかし、現在では免税点（課税対象外になる額）は1,000万円以下になっています。

では、消費税の納税額の算出方法を説明しましょう。消費税というのは、モノを買ったときに10%払っているのだから、事業者はその10%分をそのまま税務署に納めているのではないか、という印象があります。しかし実際は、**「売り上げたときに預かった消費税」から「仕入れたときに支払った消費税」を差し引いた残額を納付する**ことになっています。

消費税は、売り上げたときにお客さんから預かった10%分をそのまま納付するわけではありません。事業者は、仕入をしたり、さまざまな経費を支払うときに消費税を払っています。それを納税額から差し引くことができるのです。つまり、消費税の納税額は、売り上げたときにお客さんから預かった「**預かり消費税**」から、仕入や経費の支払いのときに支払った

「支払い消費税」を差し引いた残額ということになります。

たとえば、100円のパンを１個買えば消費者は10円の消費税を払わなくてはいけませんが（ここでは消費税の軽減税率は無視します）、パン屋さんは、この10円の消費税をそのまま納めるわけではありません。パン屋さんは、パンを作るときに、さまざまな経費を支払っており、そのときに消費税を払っています。また、小麦粉などの材料費、水道光熱費などにも消費税がかかっています。消費税は、「消費者が負担するもの」という建前になっていますので、パンを作るときにパン屋さんが支払った消費税は、納付するときに差し引くことができるのです。

100円のパンの原価を60円とすると、パン屋さんは原価に対して消費税６円（60円×10%）を払っています。消費者から預かった10円の消費税から、この分を差し引きます。その残額４円を税務署に納付するというわけです。理屈から言うとこういうことになりますが、実際に納付するときには、売上全体、仕入全体の消費税を総計して計算します。

1個100円のパンの消費税の計算

パン１個
100円

パンの原価
60円

（売上時の消費税10円） ⟷ **（原価に対して支払った消費税６円）**

売上時の消費税10円	−	原価に対して支払った消費税6円	＝	納付消費税4円

つぶやき **消費税の対象になる売上のことを「課税売上」と言います。国内での商取引のほとんどは課税売上になりますが、土地の売買や家賃、社会保険によるサービス、一部の福祉商品などは消費税の対象外です。**

02 簡易課税を使いこなそう

- 消費税には、みなし仕入率を使った簡便的な計算方法があります。
- **簡易課税はトクする場合と損する場合があります。**

消費税計算の手間を大幅に省ける

消費税の対象になる売上が年間5,000万円以下の事業者には、「**簡易課税**」という消費税の計算方法が認められています。

先ほど述べた通り、消費税は、売り上げたときにお客さんから預かった消費税から、仕入などで支払った消費税を差し引いて、残額を税務署に納めます。原則はそういうことなのですが、支払った消費税をいちいち計算するのは大変です。事業者にとって大きな負担になります。

その救済措置として、**消費税の対象になる売上が年間5,000万円以下の事業者には、簡易課税という計算方法が認められています**。

簡易課税では、「**みなし仕入率**」というものを使って、消費税の額を簡便的に計算します。たとえば、3,000万円の売上がある小売業者の場合なら、小売業者の「みなし仕入率」は、次のページにある通り80%なので、3,000万円のうちの80%が仕入とみなされます。

つまり、仕入は2,400万円と自動的に決められるわけです。そして、売上3,000万円の預かり消費税は300万円（3,000万円×10%）で、仕入2,400万円の支払い消費税は240万円（2,400万円×10%）なので、差し引き60万円を納付すればいい、ということになります。

みなし仕入率は、卸売業「90%」、飲食業「60%」など、業種ごとに決められています。

簡易課税は計算が簡単にできるので、消費税の対象になる売上が5,000万円以下の事業者は、あまり考えずに簡易課税を選択している場合も多いようです。

しかしながら、**必ずしも簡易課税が有利とは限りません。**

たとえば、小売業をしている事業者が、薄利多売で仕入値に10%程度の利益を乗せて売っているような場合は、仕入率が80%を超えることもあります。仕入率が80%を超えるということは、実際は、**みなし仕入率の80%よりも多くの消費税を払っている、つまり支払い消費税の額が、みなし仕入率80%の支払い消費税よりも多くなる**、ということです。**そういう場合は、簡易課税を選択するより、通常の方法で計算したほうが消費税は安く済むのです。**

簡易課税の計算

（売上 − (売上×みなし仕入率)）× 消費税率 ＝ 消費税納税額

消費税の対象になる売上が3,000万円の小売業者の場合

（3,000万円 − （3,000万円 × みなし仕入率80%））× 消費税率 10% ＝ 消費税納税額 60万円

みなし仕入率

卸売業	**90%**	小売業	**80%**
製造業、建設業	**70%**	飲食業	**60%**
金融・保険業、運輸通信業、サービス業（飲食業を除く）	**50%**	不動産業	**40%**

つぶやき

簡易課税にしたい場合は、所轄の税務署に「消費税簡易課税制度選択届出書」を提出します。簡易課税は一度選択すると2年間は変更できないルールになっています。簡易課税がトクかどうか、事前にしっかり検討することが必要です。

03 インボイス制度によって消費税は自分事に

- [ ] **これまで消費税を免税されていた個人事業主やフリーランサーも、消費税を納めざるを得なくなりました。**
- [ ] インボイス制度の仕組みのほか、経過措置や特例も要チェック。

インボイス制度の仕組み

令和５年10月から消費税の「**インボイス制度**」がはじまりました。

インボイス制度は、事業者が消費税の仕入税額控除をする際に、消費税を支払った相手先から、消費税の税額の明細が記載された「**適格請求書（インボイス）**」を受け取らなければならない、というものです。

事業者は、「売上時にお客さんから預かった消費税」から、「仕入や経費などの支払い時に払った消費税」を差し引いた残額を税務署に納付することになっています。

この仕入や経費で支払った、差し引ける消費税の分が「**仕入税額控除**」です。

インボイス制度によって、「仕入や経費などの支払い時に支払った消費税」を差し引く条件として、支払先から適格請求書を受け取らなければならなくなりました。経費を支払っても適格請求書がない場合は、その分の消費税を差し引くことができません。

適格請求書には次の項目を記載することになっています。

①	**適格請求書発行事業者の氏名または名称、登録番号**
②	**取引年月日**
③	**取引内容**（軽減税率の対象品目である場合はその旨も記載）
④	**税率ごとに合計した対価の額と適用税率**
⑤	**税率ごとに区分した消費税額**
⑥	**適格証明書の交付を受ける事業者の氏名または名称**

適格請求書の例

受領者の氏名または名称

発行者の氏名または名称

登録番号

請求をした日。224ページ「② 取引年月日」は原則としてこの日になる

請 求 書

江戸川橋 一郎
〒162-0000
東京都新宿区市谷210-13
TEL:03-1234-5678
登録番号　T1234432156789
請求書No　52
請求日　2024年12月20日

〒170-0014
東京都豊島区池袋1-2 新池袋ビル2F
株式会社 **ライターパーク** 御中

下記をご請求申し上げます。

ご請求金額　　¥ 74,000 -

取引日	品目	軽減税率対象	単価	数量	金額
2024/11/8	○○ライティング		1,500	20	30,000
2024/11/25	××校正		800	55	44,000

商品やサービスを納品した日

10%対象	対象額(税抜)	¥ 74,000	消費税	¥ 7,400
8%対象		¥ 0		¥ 0
小計		¥ 74,000		¥ 7,400

軽減税率の対象である場合は※や◎などを入れて明記

適用税率

税率ごとに区分した消費税額

1枚の請求書の中で消費税を計算するには次の2つの方法があります。
① 1行ごとに税抜本体に消費税率を掛けてそれぞれの消費税を計算し、それらを合算した額を消費税合計とする方法
② 集計した税抜本体合計に消費税率を掛けて消費税合計とする方法
通常、①と②は計算結果が異なります。①は認められないため、②で行います。

インボイスを発行すれば消費税の納付義務が発生

ここが一番重要なのですが、適格請求書の発行事業者となるためには、消費税の**「課税事業者」**にならなくてはいけません。

消費税には**「免税事業者」**という制度があります。消費税の対象になる売上が年間1,000万円以下の事業者は、消費税を納付しなくてもいい、というものです。適格請求書は課税事業者でないと発行できません。そのため、**適格請求書を発行するためには、消費税の対象になる売上が年間1,000万円以下で本来は消費税が免税される事業者であっても、あえて課税事業者となり消費税を納付しなければならないのです。**

一般の消費者をお客さんにしている事業者であれば、インボイス制度はあまり影響しません。一般の消費者は、仕入税額控除を気にしないので適格請求書を要求することはありませんから。しかし、企業をお客さんにしている個人事業主やフリーランサーなら、そうはいかないはずです。

インボイス制度の影響を受ける業種	企業から仕事を請け負うフリーランサー、企業と取引する個人事業主	・企業から仕事を請け負う専門職 ・企業に商品を販売している小売業者、卸売業者 ・企業が接待で使う飲食店、個人タクシーなど
インボイス制度の影響をあまり受けない業種	個人客相手のフリーランサー、個人事業主	・個人客相手の専門職 ・一般客相手の飲食店、美容院など

適格請求書の発行事業者になるには、所轄の税務署に登録しなければいけません。税務署に登録申請書を出し、税務署が審査を行い、審査に通れば登録され、登録通知書が送られてきます。ほとんどの場合、審査は通ります。

免税事業者だけが使える２割特例

インボイス制度がはじまる前は、前々年の消費税の対象になる売上が

1,000万円以下の事業者は消費税の納付が免除されていました。なぜ前々年かというと、消費税を納めなければならないか、免税されるかどうかは、本来は前々年の売上によって決まるものだからです。

消費税の課税基準

通常の事業者の場合	開業当初の事業者の場合
前々年の売上	**前々年の売上**
↑	↑
1,000万円を超えたとき、今年、課税事業者になる	なし
前年の売上	**前年の売上**
↑	↑
1,000万円を超えたとき、翌年、課税事業者になる	なし
今年の売上	**今年の売上**
↑	↑
1,000万円を超えたとき、翌々年、課税事業者になる	課税判定基準がないため消費税は免除

前々年の消費税の対象になる売上が 1,000 万円を超え、今年、課税事業者になったとしても、前年が 1,000 万円以下だった場合は、翌年は課税事業者にはなりません。あくまで前々年の売上が基準になります。

前々年の消費税の対象になる売上が1,000万円以下で、本来は免税となる事業者には、令和８年分の申告までは「消費税納税額は売上税額の２割でいい」という特例が設けられています。これは、**前々年の消費税の対象になる売上が1,000万円以下の事業者は、売り上げたときに預かった消費税のうち20%を納税すればいい**、というものです。この２割特例は、インボイス制度を機に免税事業者から課税事業者になった人が使えます。令和５年９月30日以前から課税事業者となっていた人は使えません。

売り上げたときに預かった消費税の20%が消費税納税額と自動的に決まるので、仕入や経費のときに支払った支払い消費税のことは考える必要がありません。令和８年までの時限措置のため、この２割特例を消費税の申告で使えるのは、令和５年分、６年分、７年分、８年分の4回です。

インボイス未登録の事業者から仕入れたときの経過措置

適格請求書発行事業者以外からの仕入について、インボイス制度開始から６年間は経過措置があります。**適格請求書発行事業者以外からモノやサービスを買うなどの仕入をしたとき、仕入税額控除をまったく認めないわけではなく、一定の割合で認める**、というものです。

適格請求書発行事業者以外からの仕入は、次の割合で仕入税額控除できることになっています。

令和5年10月1日～ 令和8年9月30日まで	→	80%
令和8年10月1日～ 令和11年9月30日まで	→	50%

1万円未満取引の特例

中小事業者は、令和11年９月30日までは「１万円未満の仕入はインボイス制度の対象外になる」という措置もあります。

これは、**前々年の消費税の対象になる売上が１億円以下か、上半期の消費税の対象になる売上が5,000万円以下の事業者は、１万円未満の仕入は適格請求書の発行がなくても仕入税額控除ができる**、というものです。

逆に言えば、令和11年10月１日からは１万円未満の取引も適格請求書がなければ仕入税額控除ができないことになります。100円のボールペン１本でも適格請求書があるかどうかチェックしなければならないのです。

簡易課税はインボイスでも使える

前項で説明した**簡易課税は、適格請求書発行事業者も使えます**。

消費税の対象になる売上が年間5,000万円以下で、簡易課税の適用を受けている事業者は、適格請求書の発行事業者となっても、消費税納税額を求めるときに簡易課税のみなし仕入率を使って計算できる、ということです。

お客さんの名前を記載しなくていい適格簡易請求書

適格請求書には、一部の記載事項を省ける**「適格簡易請求書」**というものがあります。これは、小売業など不特定多数の人をお客さんにする事業者が、いちいち適格請求書を発行するのは大変ということで設けられたものです。基本的に、**レシートで対応できるようになっています。**

適格簡易請求書を発行できる事業者は、小売業、飲食店業、タクシー業、写真業、旅行業、駐車場業などに限られます。

適格簡易請求書は、お客さんである購入者（受領者）の氏名・名称を省略できます。レシートには、お客さんの名前は書かれていませんよね。そして、適用税率と税率ごとに区分した消費税額は、どちらか１つを記載すればOKです。

適格簡易請求書の例

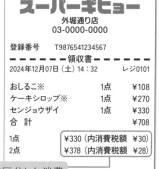

スーパーギヒョー
外堀通り店
03-0000-0000

登録番号　T9876541234567
------領収書------
2024年12月07日（土）14：32　レジ0101

おしるこ※	1点	¥108
ケーキシロップ※	1点	¥270
センジョウザイ	1点	¥330
合　計		¥708
10%対象	1点	¥330
8%対象	2点	¥378

現金
お釣り

※印は軽減税率8%対象商品

適用税率を記載した場合

スーパーギヒョー
外堀通り店
03-0000-0000

登録番号　T9876541234567
------領収書------
2024年12月07日（土）14：32　レジ0101

おしるこ※	1点	¥108
ケーキシロップ※	1点	¥270
センジョウザイ	1点	¥330
合　計		¥708
1点		¥330（内消費税額　¥30）
2点		¥378（内消費税額　¥28）

※印は軽減税率8%対象商品

税率ごとに区分した消費税額を記載した場合

つぶやき　**令和11年10月1日以降は経過措置や特例がなくなり、適格請求書発行事業者以外からの仕入は、一切、仕入税額控除が認められないことになります。**

インボイス制度によって、これまで消費税を免除されてきた事業者が消費税を納付しなければならなくなる。実質的に「零細事業者への増税」と言えるもの。

04 システムを使えば消費税の確定申告はカンタン

- □ **消費税の課税事業者となった人は申告書を作り、確定申告をします。**
- □ 「確定申告書等作成コーナー」を利用しよう。

独特な用語を整理しよう

ここでは消費税の確定申告のやり方を説明します。あまり聞き慣れない言葉がいくつか出てきますから、はじめに整理しておきましょう。

◉ 課税取引、非課税取引

消費税が課税されないものがあります。たとえば、土地の貸付や譲渡、家賃、教科書、義手義足、社会保険対象の医療費、介護保険対象の介護サービスなどです。この課税されない取引のことを「**非課税取引**」と言います。それ以外の取引のことを「**課税取引**」と言います。不動産業を除けば個人事業主、フリーランサーは課税取引のみ該当することが多いはずです。

非課税取引の具体例は国税庁のホームページに掲載されています（https://www.nta.go.jp/taxes/shiraberu/taxanswer/shohi/6201.htm）。

◉ 免税取引

消費税は、外国に輸出される商品の売上では免税となります。この取引のことを「**免税取引**」と言います。免税取引を行う事業者は輸出証明書などを提出することで、免税取引の商品を仕入れた際に支払った消費税の還付を受けることができます。

◉ 基準期間の課税売上高

消費税は、原則として前々年の課税売上が1,000万円を超えれば課税事業者になります。消費税の課税基準 ➜ 227ページ この前々年の課税売上のことを「**基準期間の課税売上高**」と言います。

ただしインボイス制度によって適格請求書発行事業者となった事業者は、前々年の課税売上が1,000万円以下でも消費税の課税事業者になります。消費税の課税事業者になれば消費税の確定申告が必要になります。

◉ 税込経理、税抜経理

「**税込経理**」は、消費税を含めた金額で経理処理を行うことで、最終的な売上や仕入の合計額に消費税率を掛けて消費税を算出します。ほとんどの個人事業主、フリーランサーは税込経理をしているはずです。「**税抜経理**」は、売上や仕入の取引の１つひとつから消費税額だけを抜き出し、消費税額だけを別個に計算して納税額を算出する方法です。非常に手間がかかるので、個人事業主、フリーランサーはやっていないことが多いはずです。

◉ 割戻し計算、積上げ計算

「**割戻し計算**」は、消費税額の計算で、まず税率ごと（８%か10%）の課税売上、課税仕入れの合計額を出し、これに一括して該当する消費税率を掛ける方法です。「**積上げ計算**」は、取引１つひとつの消費税をすべて積み上げて消費税額を計算する方法です。

◉ 標準税率10%の消費税率7.8%、地方消費税率2.2%

消費税は、本来は国庫に入る「**国税**」なのですが、消費税額の22%は地方自治体の財源に繰り入れられることになっています。地方自治体に繰り入れられる部分を「**地方消費税**」と言います。標準税率10%のうち7.8%が消費税（国税）に、2.2%が地方消費税になります。

◉ 軽減税率８%の消費税率6.24%、地方消費税率1.76%

消費税の標準税率は10%ですが、食料品などには８%の「**軽減税率**」が適用されています。消費税額の22%は地方自治体に繰り入れられることになっていますから、軽減税率８%のうち国税分は6.24%で、地方消費税分は1.76%となります。

システムのナビにそって入力していく

消費税の確定申告では、所得税の確定申告と同じく申告書を所轄の税務署に提出します。ただし**消費税は申告書の枚数が多くなってしまうので、手書きするのは少し骨が折れます**。

筆者は、**国税庁ホームページの「確定申告書等作成コーナー」を使うことをオススメします**。「確定申告書等作成コーナー」で作成した申告書をe-Taxで提出するか、e-Taxをしない人は「印刷して提出」を選んで確定申告をするのが面倒がありません。e-Taxか印刷かを選ぶ ➜ 208ページ

では、まず208ページで説明した手順で進めて下の画面を出してください。「消費税」のボタンをクリックします。

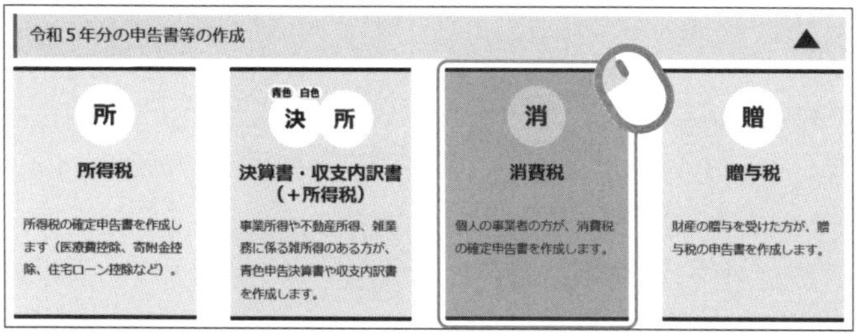

最初に基準期間の課税売上高を入力します。233ページの上の画面は、基準期間の課税売上高が1,000万円以下の場合です。「適格請求書発行事業者か？」「令和５年10月１日以降に課税事業者となったか？」の問いに「はい」を選ぶと、「２割特例」➜ 226ページを適用するかどうかの問いが出てきます。とりあえず「いいえ」を選ぶと、通常の計算方法と２割特例のどちらを選ぶほうが消費税納税額が少なくて済むか、あとの画面で確認することができます。

基準期間の課税売上高が1,000万円を超える場合は233ページの下の画面になり、２割特例を使うことはできません。ここでは基準期間の課税売上高が1,000万円超で、２割特例ナシの場合で説明します。

簡易課税を選択している人は「はい」、そうでない人は「いいえ」をクリックしてください。また、「税込」「税抜」のどちらで経理処理をしているか、

「割戻し計算」「積上げ計算」のどちらで消費税額を計算しているか、クリックして選択します。

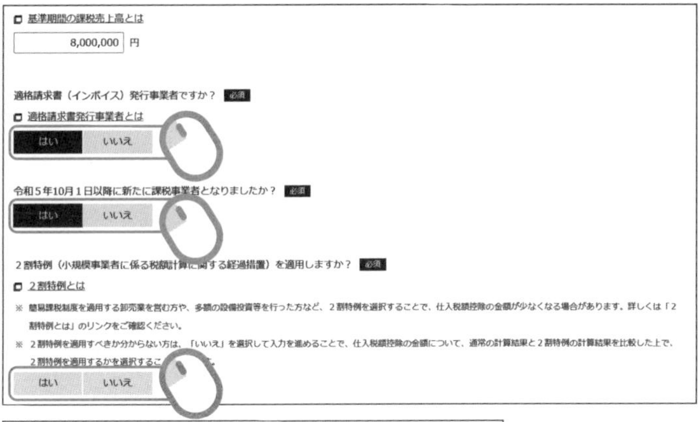

次に自分が該当する所得の種類にチェックを入れます。個人事業主、フリーランサーは「事業所得（営業等）」に必ずチェックが入るはずです。

チェックを入れた所得の種類ごとに売上金額を入力します。売上の中に非課税取引や免税取引が含まれる場合は、その金額も入力します。

Part6 消費税対策講座

所得区分の選択 必須

該当する所得区分に関する項目を全て選択してください。

- ☐ 事業所得（営業等）がある。
- ☐ 事業所得（農業）がある。
- ☐ 不動産所得がある。
- ☐ 雑所得（原稿料等）がある。
- ☐ 業務用固定資産等の譲渡所得がある。
- ☐ 業務用固定資産等の購入がある。（令和５年に減価償却資産等を購入した場合）

売上（収入）金額・免税取引・非課税取引等の金額の入力

売上（収入）金額の中に、免税、非課税、非課税資産の輸出等又は不課税に係るものが含まれている場合は、その金額も入力してください。

売上（収入）金額（雑収入を含む） 必須	9,000,000 円
うち免税取引	円
うち非課税取引	円
うち非課税資産の輸出等	円
うち不課税取引	円
うち課税取引	9,000,000 円

売上金額を入力して「次へ進む」をクリックすると、下の画面が出てきます。消費税は、「売り上げたときに預かった消費税」から「仕入れたときに支払った消費税」を差し引いた残額を納付しますから、「仕入れたときに支払った消費税」を求めるために、かかった売上原価や経費を入力します。

	科目 課税取引金額計算表のA～G欄を指しています。		決算額 A	うち課税取引にならないもの B	課税取引金額 C（A-B）	うち税率6.24%（軽減税率）適用分 D+E	うち免税事業者等取引分※ E	うち税率7.8%適用分 F+G	うち免税事業者等取引分※ G
	売上（収入）金額（雑収入を含む）	(1)	9,000,000円	円	9,000,000円	0円		9,000,000円	
売上原価	期首商品棚卸高	(2)	円						
	仕入金額	(3)	円	円	円	円	円	円	円
	小計	(4)	円						
	期末商品棚卸高	(5)	円						
	差引原価	(6)	円						
	差引金額	(7)	9,000,000円						
経費	租税公課	(8)	円	円	円			円	円
	荷造運賃	(9)	円	円	円			円	円
	水道光熱費	(10)	円		円			円	円

次に消費税の中間申告の画面が出てきます。

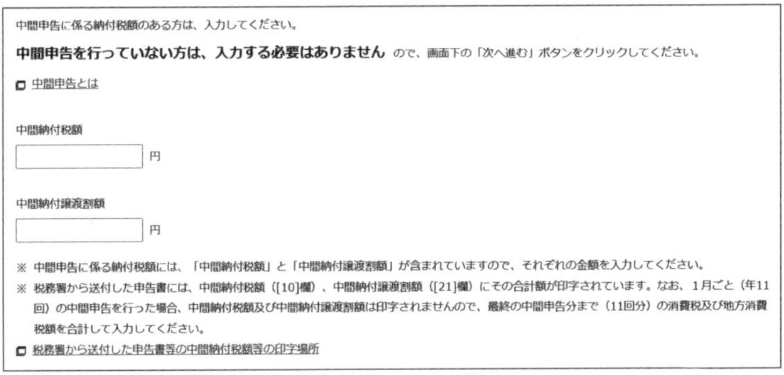

中間申告に係る納付税額のある方は、入力してください。
中間申告を行っていない方は、入力する必要はありません ので、画面下の「次へ進む」ボタンをクリックしてください。
中間申告とは
中間納付税額
円
中間納付譲渡割額
円
※ 中間申告に係る納付税額には、「中間納付税額」と「中間納付譲渡割額」が含まれていますので、それぞれの金額を入力してください。
※ 税務署から送付した申告書には、中間納付税額（[10]欄）、中間納付譲渡割額（[21]欄）にその合計額が印字されています。なお、1月ごと（年11回）の中間申告を行った場合、中間納付税額及び中間納付譲渡割額は印字されませんので、最終の中間申告分まで（11回分）の消費税及び地方消費税額を合計して入力してください。
税務署から送付した申告書等の中間納付税額等の印字場所

消費税は、前の年の消費税納税額が48万円を超えていた場合、中間申告が必要になります。これは、消費税納税額が多い事業者は確定申告よりも前のタイミングで、消費税を分割で前払いするものです。

前の年の消費税額	中間申告の回数	中間申告 提出・納付期限	1回あたりの納税額
48万円超～400万円以下	年1回	8月31日	前の年の消費税額の$\frac{1}{2}$
400万円超～4,800万円以下	年3回	5月31日、8月31日、11月30日	前の年の消費税額の$\frac{1}{4}$（合計$\frac{3}{4}$）
4,800万円超	年11回	5月から翌年1月までの毎月末日（初回のみ3回分を納付）	前の年の消費税額の$\frac{1}{12}$（合計$\frac{11}{12}$）

※Airレジ マガジン「消費税の中間納付とは？納税を分散させて負担を軽くしよう」を元に作成。

中間申告を行っていて、すでに消費税の前払いがある人は、その前払いした額を「中間納付税額」「中間納付譲渡割額」に入力します。「中間申告した納税額 ＞ 確定申告で確定した納税額」の場合は過払いになりますから、払いすぎた分は確定申告によって還付されます。

中間申告を行っていない人は何も入力する必要はありません。「次へ進む」をクリックしてください。

ここまでに入力した金額から、納付する消費税の額がシステムによって計算されます。下の画面に表示されているのは消費税（国税）と地方消費税の合計額です。

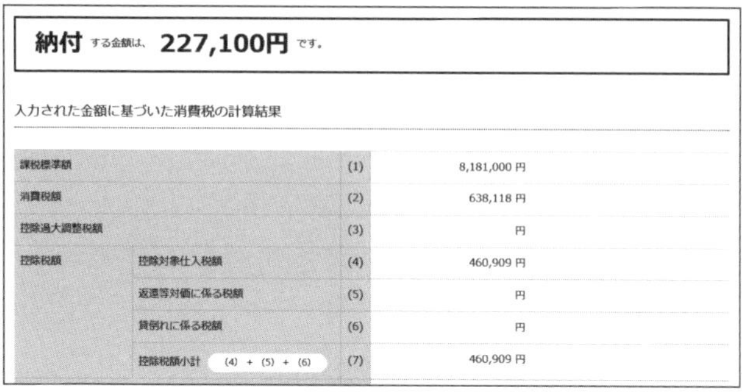

次の画面では納税地の住所、申告書を提出する税務署、氏名、屋号などを入力します。

次の画面では、印刷する申告書にチェックを入れます。すべてにチェックを入れておいて問題ありません。

「帳票表示・印刷」ボタンを押すとPDFファイルが出力されるので、e-Taxをしない人はPDFファイルを印刷して内容を確認します。問題がなければそれを税務署に提出します。

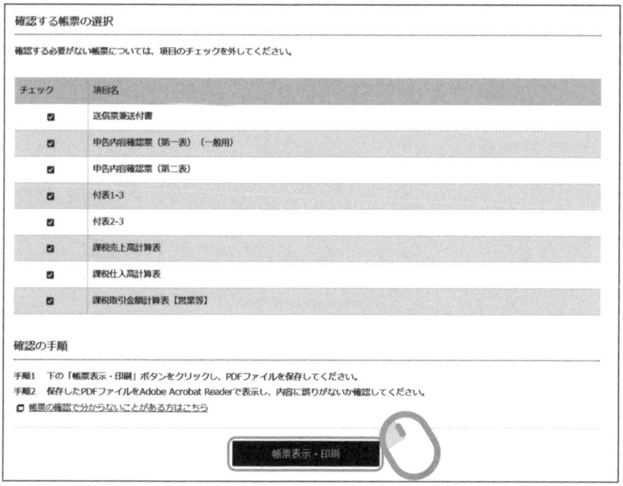
確認する帳票の選択

確認する必要がない帳票については、項目のチェックを外してください。

チェック	項目名
☑	送信票兼送付書
☑	申告内容確認票（第一表）（一般用）
☑	申告内容確認票（第二表）
☑	付表1-3
☑	付表2-3
☑	課税売上高計算表
☑	課税仕入高計算表
☑	課税取引金額計算表【営業等】

確認の手順

手順1　下の「帳票表示・印刷」ボタンをクリックし、PDFファイルを保存してください。
手順2　保存したPDFファイルをAdobe Acrobat Readerで表示し、内容に誤りがないか確認してください。
帳票の確認で分からないことがある方はこちら

帳票表示・印刷

e-Taxをする人は、「帳票表示・印刷」ボタンを押してPDFファイルの内容を確認し、問題がなければ「次へ進む」をクリックします。最後に「送信する」ボタンを押して申告書を提出してください。

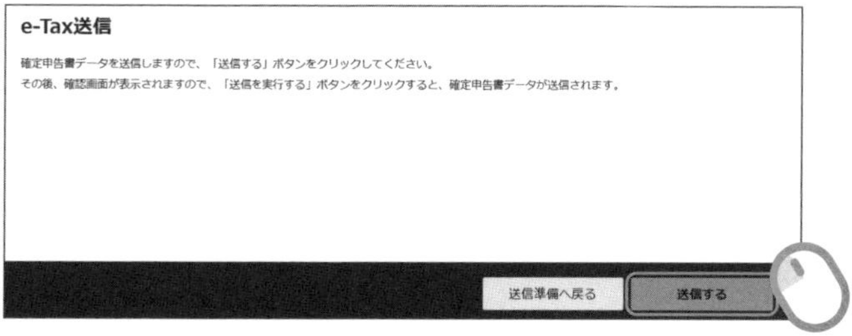
e-Tax送信

確定申告書データを送信しますので、「送信する」ボタンをクリックしてください。
その後、確認画面が表示されますので、「送信を実行する」ボタンをクリックすると、確定申告書データが送信されます。

送信準備へ戻る　送信する

つぶやき

消費税の確定申告は最終日が3月31日で、所得税の確定申告は最終日が3月15日です。消費税と所得税でメ切が違うので注意してください。

税金だってキャッシュレス
税金って
クレジットカードでも
PayPayでも
払えるんだ
TAX
税務署で
払うか
振替しか
してなかった
所得税も
消費税も、
どちらも払え
ますよ
納付の期限は
所得税→3月15日
消費税→3月31日
PayPay、d払い、楽天ペイなど
Pay払いで税金を払うことをスマホアプリ
納付と言います。一度に払える上限は
スマホアプリ納付が30万円
クレカは1,000万円です
○○CARD
1234 5678…
アプリ
¥30万
じゃあ 税金払って
ポイントが貯められる
ってことですね
Point
ポイント
大好物で
基本的には。
ただしカード払いの
場合、1万円までは
83円、2万円までは
167円というように
支払い1万円につき
80円以上
手数料が
かかります
手数料で
ポイントが飛ぶ

それとカードによっては
税金の支払いではポイントが
つかないこともある
ので カード会社に
確認が必要
です
ポイントもらえない
カードもあるのか・・・
スマホアプリ
納付の
ほうは？
スマホ
アプリ
納付
手数料はかからないです。
ポイントがつくかどうかは
まちまちで
必ずポイントが
ほしいならPay払いの
会社に問い合わせ
ないといけません
クレカ払いは
こっちの
サイト
で
RRR
・・・
FRee
スマホアプリ納付は
こっちの
サイトで
できますよ
スマホ
専用
サイト
もしもし、
わたしポイント大好き
なんですけど 税金の
支払いでポイントって
・・・

Part6のフリカエリ

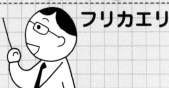

事業をしている人なら、誰でも消費税を納付する可能性がある。個人事業主やフリーランサーも例外ではない。

簡易課税は手間の面からは大幅な負担減となるが、消費税の金額面からは有利とならないこともある。

簡易課税と通常の消費税の計算を1年ごとに切り替えるようなことはできない。簡易課税は、一度選択すると2年間は変更できない。

消費税のインボイス制度は、特に企業を相手に仕事をしている個人事業主やフリーランサーの負担が重い。

前々年の消費税の対象になる売上が1,000万円以下の事業者は本来、消費税の免税事業者だが、適格請求書は免税事業者のままでは発行できない。

免税事業者の2割特例など緩和措置が用意されているが、令和11年9月30日には完全に終了となる。

消費税の課税事業者は申告書を作り、消費税の確定申告をしなければならない。「確定申告書等作成コーナー」を使うのがオススメ。

巻末付録

申告書の書き方

一見すると難しそうに見える
確定申告書への記入も、
1つずつ見ていけば決して難しくない。
所得税の申告書の記入例と
説明を照らし合わせながら読んで、
所得税の申告書を1人で作れるかどうか
確認してみよう。

令和6年分の確定申告には、
1人4万円減税の「定額減税」もある。

「青色申告」と「白色申告」の申告方法

個人事業主、フリーランサーが所得税の確定申告をする場合、「青色申告」と「白色申告」の２つの方法のどちらかを選択できます。青色申告で提出する書類は「青色申告決算書」と言い、「損益計算書」「貸借対照表」など４ページで構成されます。また、青色申告をするには、「個人事業の開業・廃業等届出書」「所得税の青色申告承認申請書」という書類を税務署に提出します。提出書類 → 179ページ 白色申告は、事前に書類を税務署に提出する必要はありません。

青色申告

所轄の税務署へ **「個人事業の開業・廃業等届出書」** 開業日から１カ月以内に提出

→ **「所得税の青色申告承認申請書」** 開業日から２カ月以内に提出

→ **青色申告の要件に基づいた詳細な記帳を行う**

→ **令和6年分の確定申告を青色申告で行う**（申告は令和７年の2月17日～3月17日まで）

白色申告

簡単な記帳を行う

→ **令和6年分の確定申告を白色申告で行う**（申告は令和７年の2月17日～3月17日まで）

白色申告から青色申告に変更

所轄の税務署へ **「所得税の青色申告承認申請書」**

青色申告をしようと思っている年の3月15日までに提出

→ **青色申告の要件に基づいた詳細な記帳を行う**

青色申告用の「青色申告決算書」、白色申告用の「収支内訳書」、青色申告の人も白色申告の人も提出する「確定申告書」は税務署に用意されているほか、国税庁のホームページからダウンロードできます。
所得税の確定申告は1年に1回行い、確定申告の計算対象期間は1月1日から12月31日まで。確定申告書の提出期間は、翌年の2月16日から3月15日です（還付申告の場合は1月1日から受付がはじまっています）。開始日と最終日が土・日曜日に重なった場合は、翌月曜日が開始日・最終提出日になります。
提出先は、住民票の住所を管轄している税務署です。提出先の税務署は、国税庁ホームページで調べられます（https://www.nta.go.jp/about/organization/access/map.htm）。

「青色申告決算書」の記入例……………………1枚目

❶ 年度、事業主の氏名、住所、電話番号、業種名などを書く。

❷ 申告する日付を記入。

❸ 「自1月1日至12月31日」と記入。開業年では、届出の「事業開始日」から「12月31日」と記入。

❹ 整理番号を記入（税務署から郵送されてきた用紙では記載済み）。整理番号は、税務署が各納税者に割り振った番号のこと。税務署から納税者宛てに送られてくる書類に記載されている。不明な場合は、この欄は空欄でも構わない。

❺ ①に1年間の事業総売上金額を記入。②～⑥に売上原価を記入。⑦に売上金額から売上原価の差引金額を記入。

❻ ⑧～㉔と㉛に勘定科目ごとに経費を記入。追加の勘定科目がある場合は㉕～㉚に記入。㉜に合計額を記入。

❼ ㉞に前年に計上した貸倒引当金をそのまま記入。専従者給与がある場合は㊳に記入。㊴に244ページで計算した貸倒引当金繰入額を記入。

❽ 青色申告特別控除として㊹に「65万円」か「55万円」か「10万円」を記入。

❾ 1年間の事業所得金額を㊺に記入。

FA3001

令和 06 年分所得税青色申告決算書（一般用）

住所	東京都新宿区市谷210-13	フリガナ / 氏名	エドガワバシ イチロウ / 江戸川橋一郎	依頼税理士等 事務所所在地	
事業所所在地	東京都新宿区市谷210-13	電話番号	(自宅)03-1234-5678 (事業所)03-1234-5678	氏名（名称）	
業種名	ライター	屋号		加入団体名	
				電話番号	

この青色申告決算書は機械で読み取りますので、黒のボールペンで書いてください。

整理番号

令和7年3月4日

提出用（令和五年分以降用）

損益計算書（自1月1日至12月31日）

科目		金額（円）
売上（収入）金額（雑収入を含む）	①	9000000
売上原価 期首商品（製品）棚卸高	②	
仕入金額（製品製造原価）	③	
小計（②+③）	④	
期末商品（製品）棚卸高	⑤	
差引原価（④－⑤）	⑥	0
差引金額（①－⑥）	⑦	9000000
経費 租税公課	⑧	50000
荷造運賃	⑨	20000
水道光熱費	⑩	150000
旅費交通費	⑪	550000
通信費	⑫	200000
広告宣伝費	⑬	30000
接待交際費	⑭	300000
損害保険料	⑮	20000
修繕費	⑯	50000

科目		金額（円）
経費 消耗品費	⑰	250000
減価償却費	⑱	503132
福利厚生費	⑲	
給料賃金	⑳	
外注工賃	㉑	250200
利子割引料	㉒	50000
地代家賃	㉓	800000
貸倒金	㉔	
車両費	㉕	180000
会議費	㉖	70000
	㉗	
	㉘	
	㉙	
	㉚	
雑費	㉛	90000
計	㉜	3563332
差引金額（⑦－㉜）	㉝	5436668

科目		金額（円）
各種引当金・準備金等 繰戻額等 貸倒引当金	㉞	55000
	㉟	
	㊱	
計	㊲	55000
繰入額等 専従者給与	㊳	960000
貸倒引当金	㊴	38500
	㊵	
	㊶	
計	㊷	998500
青色申告特別控除前の所得金額（㉝+㊲－㊷）	㊸	4493168
青色申告特別控除額	㊹	650000
所得金額（㊸－㊹）	㊺	3843168

●青色申告特別控除については、「決算の手引き」の「青色申告特別控除」の項を読んでください。

●下の欄には、書かないでください。

	㉑		
	㉒		
	㉓		
Ⓐ	㉔		

－1－

「青色申告決算書」の記入例……………………2枚目

令和 06 年分　フリガナ エドガワバシ イチロウ　氏名 江戸川橋一郎

整理番号　　FA3026

提出用（令和五年分以降用）

○月別売上（収入）金額及び仕入金額

月	売上（収入）金額	仕入金額
1	600,000円	円
2	700,000	
3	800,000	
4	900,000	
5	800,000	
6	900,000	
7	400,000	
8	700,000	
9	600,000	
10	900,000	
11	1,000,000	
12	700,000	
家事消費等		
雑収入		
計	9000000	
うち軽減税率対象	うち　円	うち　円

○給料賃金の内訳

氏名	年齢	従事月数	給料賃金	賞与	合計	所得税及び復興特別所得税の源泉徴収税額
	歳	月	円	円	円	円
その他（　人分）						
計	延べ従事月数					

○専従者給与の内訳

氏名	続柄	年齢	従事月数	給料	賞与	合計	所得税及び復興特別所得税の源泉徴収税額
江戸川橋花子	配偶者	31歳	12	960,000円	円	960,000円	0円
計		延べ従事月数	12	960,000		960,000	0

○地代家賃の内訳

支払先の住所・氏名	賃借物件	本年中の賃借料・権利金等	左の賃借料のうち必要経費算入額
東京都千代田区○○ 石切不動産	事務所	権更 賃 2,400,000円	800,000円
		権更 賃	

○貸倒引当金繰入額の計算（この計算に当たっては、「決算の手引き」の「貸倒引当金」の項を読んでください。）

		金額
個別評価による本年分繰入額（個別評価による貸倒引当金に関する明細書の⑤欄の金額を書いてください）	①	円
一括評価による本年分繰入額　年末における一括評価による貸倒引当金の繰入れの対象となる貸金の合計額	②	700,000
本年分繰入限度額（②×5.5%（金融業は3.3%））	③	38,500
本年分繰入額	④	38,500
本年分の貸倒引当金繰入額（①＋④）	⑤	38,500

○青色申告特別控除額の計算（この計算に当たっては、「決算の手引き」の「青色申告特別控除」の項を読んでください。）

			金額
本年分の不動産所得の金額（青色申告特別控除額を差し引く前の金額）		⑥	（赤字のときは0）円
青色申告特別控除前の所得金額（1ページの「損益計算書」の㊸欄の金額を書いてください。）		⑦	（赤字のときは0）4,493,168
65万円又は55万円の青色申告特別控除を受ける場合	65万円又は55万円と⑥のいずれか少ない方の金額（不動産所得から差し引かれる青色申告特別控除額です。）	⑧	0
	青色申告特別控除額（「65万円又は55万円－⑧」と⑦のいずれか少ない方の金額）	⑨	650,000
上記以外の場合	10万円と⑥のいずれか少ない方の金額（不動産所得から差し引かれる青色申告特別控除額です。）	⑧	
	青色申告特別控除額（「10万円－⑧」と⑦のいずれか少ない方の金額）	⑨	

（注）貸倒引当金、専従者給与や3ページの割増（特別）償却以外の特典を利用する人は、適宜の用紙にその明細を記載し、この決算書に添付してください。

－2－

❶ 月別の売上金額と仕入金額を記入。売上金額の合計は1枚目の「売上(収入)金額①」と同じ。

❷ 従業員の給料賃金の内訳を記入。1枚目の「給料賃金⑳」と同じ。

❸ 専従者給与の内訳を記入。1枚目の「専従者給与㊳」と同じ。

❹ 事務所などの賃貸料の支払合計額を記入。自宅兼事務所の場合は経費算入額を按分して記入。

❺ 当年1年間に計上する貸倒引当金の内容を記入。

❻ 青色申告特別控除額を記入。「青色申告特別控除前の所得金額⑦」は1枚目の㊸と同じ。

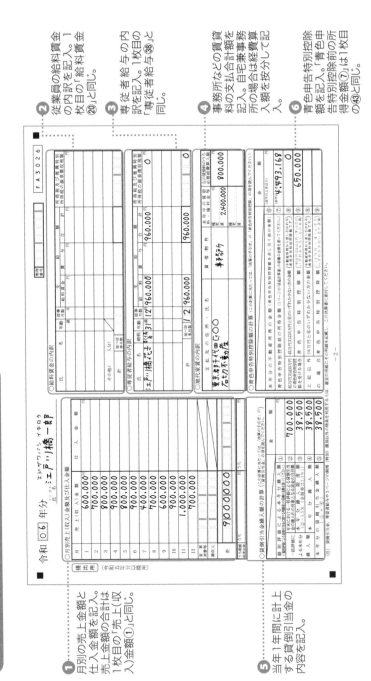

「青色申告決算書」の記入例……………………3枚目

FA3051

整理番号

○売上（収入）金額の明細　※ 登録番号を記載する場合には、先頭に「T」を付けた上で13桁の数字を記入してください。

（令和五年分以降用）

売上先名	所在地	登録番号（法人番号）(※)	売上（収入）金額
株式会社○○出版	新宿区市谷123-456	T0000000000000	4,000,000円
株式会社△△社	豊島区東池袋987-654	T△△△△△△△△△△△△△	3,000,000
有限会社□□書店	港区赤坂777-222	T□□□□□□□□□□□□□	1,200,000
株式会社××プロダクション	目黒区駒場333-666	T×××××××××××××	800,000
上記以外の売上先の計（雑収入を含む）			
		計	9,000,000

○仕入金額の明細

仕入先名	所在地	登録番号（法人番号）(※)	仕入金額
			円
上記以外の仕入先の計			
		計	

○本年中における特殊事情

今年から遠方の取材が増えたので車を購入した。経費割合は長距離取材が多いので80%とした。

○減価償却費の計算

減価償却資産の名称等（繰延資産を含む）	面積又は数量	取得年月	㋑取得価額（償却保証額）	㋺償却の基礎になる金額	償却方法	耐用年数	㋩償却率又は改定償却率	㊁本年中の償却期間	㋭本年分の普通償却費（㋺×㋩×㊁）	㋬割増（特別）償却費	㋣本年分の償却費合計（㋭＋㋬）	㋠事業専用割合	㋷本年分の必要経費算入額（㋣×㋠）	㋦未償却残高（期末残高）	摘要
パソコン	1台	令6.1	300,000円	300,000円	定額法	4年	0.250	12/12月	75,000円	円	75,000円	100.0	75,000円	225,000円	
車	1台	令6.5	2,000,000	2,000,000	定額法	6	0.167	8/12	222,666		222,666	80.0	178,132	1,777,334	
応接セット他		令6.10	他計250,000	明細は別添	一時			/12	250,000		250,000	100.0	250,000	0	措法28の2
計									547,666		547,666		503,132	2,002,334	

（注）平成19年4 … 償却保証額を記入します。

明細
応接セット　6年10月取得　130,000
複合機　6年10月取得　120,000
少額減価償却資産の取得合計　250,000

別添の明細

○利子割引料の内訳（金融機関を除く）

支払先の住所・氏名	期末現在の借入金等の金額	本年中の利子割引料	左のうち必要経費算入額
東京都新宿区○○　江戸川橋小次郎	5,000,000円	50,000円	50,000円

○税理士・弁護士等の報酬・料金の内訳

支払先の住所・氏名	本年中の報酬等の金額	左のうち必要経費算入額	所得税及び復興特別所得税の源泉徴収税額
	円	円	円

－3－

❶「売上（収入）金額の明細」に支払元を記入。「売上（収入）金額の計」は1枚目の①と一致。

❷特別な支出があった場合などに税務署への伝達事項を記入。

❸30万円以上の減価償却資産を記入。一括償却資産も記入。償却の基礎になる金額は、定額法の場合は取得価額と同額。耐用年数を記入。仕事とプライベートを兼用する場合は、仕事の割合を「㋠事業専用割合」に記入する。

❹少額減価償却資産(10万円以上 30万円未満)は、「摘要」に「措法28の2」と記入する。明細の添付が必要。

❺知人、会社からの借入がある場合は、利子割引料の内訳を記入。

❻税理士、弁護士に支払った報酬がある場合、料金の合計額を記入。

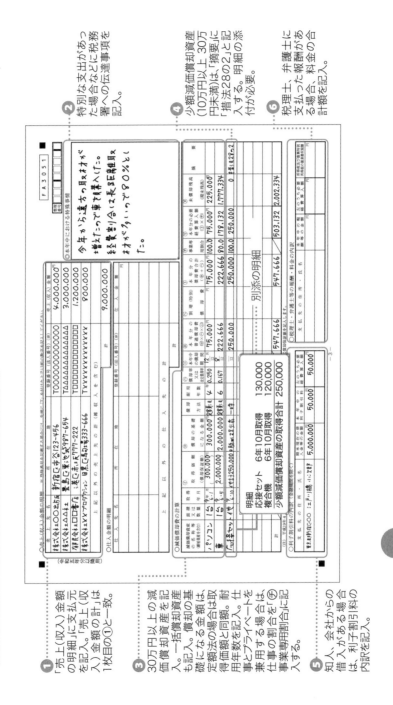

「青色申告決算書」の記入例……………………4枚目

整理番号 FA3076

貸借対照表（資産負債調）

（令和 6 年12月31日現在）

（令和五年分以降用）

資産の部 科目	1月1日（期首）	12月31日（期末）
現金	10,000円	10,000円
当座預金		
定期預金		
その他の預金	3,300,000	4,300,000
受取手形		
売掛金	1,000,000	700,000
有価証券		
棚卸資産		
前払金		
貸付金		
建物		
建物附属設備		
機械装置		
車両運搬具		1,777,334
工具 器具 備品		225,000
土地		
事業主貸		6,000,000
合計	4,310,000	13,012,334

負債・資本の部 科目	1月1日（期首）	12月31日（期末）
支払手形	円	円
買掛金		
借入金	3,600,000	5,000,000
未払金		2,425,666
前受金		
預り金		
貸倒引当金	55,000	38,500
事業主借		400,000
元入金	655,000	655,000
青色申告特別控除前の所得金額		4,493,168
合計	4,310,000	13,012,334

（注）「元入金」は、「期首の資産の総額」から「期首の負債の総額」を差し引いて計算します。

製造原価の計算

（原価計算を行っていない人は、記入する必要はありません。）

科目		金額
原材料費	期首原材料棚卸高 ①	円
	原材料仕入高 ②	
	小計（①+②） ③	
	期末原材料棚卸高 ④	
	差引原材料費（③−④） ⑤	
労務費	⑥	
その他の製造経費	外注工賃 ⑦	
	電力費 ⑧	
	水道光熱費 ⑨	
	修繕費 ⑩	
	減価償却費 ⑪	
	⑫	
	⑬	
	⑭	
	⑮	
	⑯	
	⑰	
	⑱	
	⑲	
	雑費 ⑳	
	計 ㉑	
総製造費（⑤+⑥+㉑）	㉒	
期首半製品・仕掛品棚卸高	㉓	
小計（㉒+㉓）	㉔	
期末半製品・仕掛品棚卸高	㉕	
製品製造原価（㉔−㉕）	㉖	

（注）㉖欄の金額は、1ページの「損益計算書」の③欄に移記してください。

❶「科目」の期首は「1月1日」（または事業開始日）、期末は「12月31日」（または廃業日）と記入。現金、預貯金、売掛金などを記入。

❷事業で使われたお金の流れを記入（買掛金、借入金など）。「青色申告特別控除前の所得金額」の期末合計は1枚目の㊸と一致。

❸モノを作って販売する事業を営む場合に記入。「製品製造原価㉖」の金額は、1枚目の「仕入金額（製品製造原価）③」と一致。

白色申告の「収支内訳書」の記入例……………………1枚目

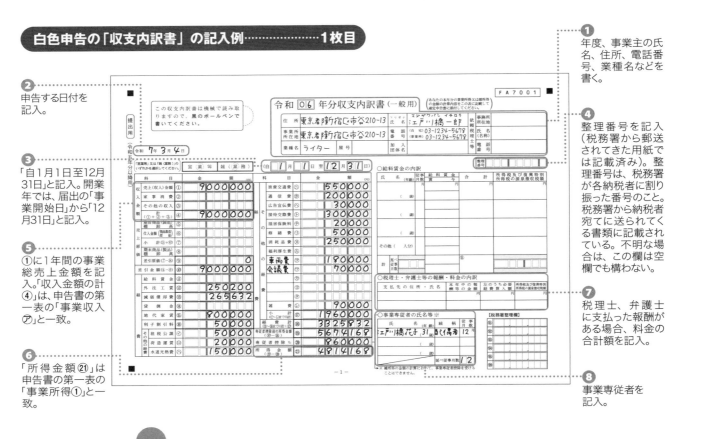

❶ 年度、事業主の氏名、住所、電話番号、業種名などを書く。

❷ 申告する日付を記入。

❸ 「自1月1日至12月31日」と記入。開業年では、届出の「事業開始日」から「12月31日」と記入。

❹ 整理番号を記入（税務署から郵送されてきた用紙では記載済み）。整理番号は、税務署が各納税者に割り振った番号のこと。税務署から納税者宛てに送られてくる書類に記載されている。不明な場合は、この欄は空欄でも構わない。

❺ ①に1年間の事業総売上金額を記入。「収入金額の計④」は、申告書の第一表の「事業収入㋐」と一致。

❻ 「所得金額㉑」は申告書の第一表の「事業所得①」と一致。

❼ 税理士、弁護士に支払った報酬がある場合、料金の合計額を記入。

❽ 事業専従者を記入。

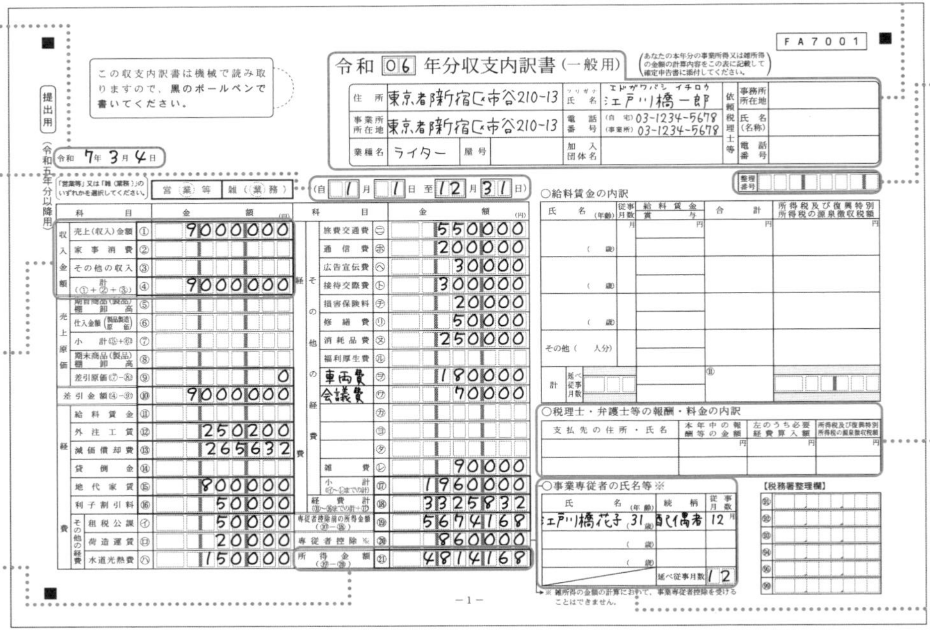

FA7001

提出用

令和 06 年分収支内訳書（一般用）

（あなたの本年分の事業所得又は雑所得の金額の計算内容をこの表に記載して確定申告書に添付してください。）

この収支内訳書は機械で読み取りますので、黒のボールペンで書いてください。

（令和五年分以降用）

令和 7年 3月 4日

住所	東京都新宿区市谷210-13	フリガナ 氏名	エドガワバシ イチロウ 江戸川橋一郎
事業所所在地	東京都新宿区市谷210-13	電話番号	（自宅）03-1234-5678（事業所）03-1234-5678
業種名	ライター	屋号	
加入団体名			

依頼税理士等：事務所所在地／氏名（名称）／電話番号

整理番号

「営業等」又は「雑（業務）」のいずれかを選択してください。　営（業）等　雑（業務）

（自 1月 1日 至 12月 31日）

科目		金額（円）	科目		金額（円）
収入金額 売上（収入）金額	①	9000000	その他の経費 旅費交通費	㋥	550000
家事消費	②		通信費	㋭	200000
その他の収入	③		広告宣伝費	㋬	30000
計（①＋②＋③）	④	9000000	接待交際費	㋣	300000
売上原価 期首商品（製品）棚卸高	⑤		損害保険料	㋠	20000
仕入金額（製品製造原価）	⑥		修繕費	㋷	50000
小計（⑤＋⑥）	⑦		消耗品費	㋦	250000
期末商品（製品）棚卸高	⑧		福利厚生費	㋸	
差引原価（⑦－⑧）	⑨	0	車両費	㋾	180000
差引金額（④－⑨）	⑩	9000000	会議費	㋻	70000
経費 給料賃金	⑪			㋕	
外注工賃	⑫	250200		㋵	
減価償却費	⑬	265632		㋟	
貸倒金	⑭		雑費	㋹	90000
地代家賃	⑮	800000	小計（㋑～㋹までの計）	⑰	1960000
利子割引料	⑯	50000	経費計（⑪～⑯までの計＋⑰）	⑱	3325832
その他の経費 租税公課	㋑	50000	専従者控除前の所得金額（⑩－⑱）	⑲	5674168
荷造運賃	㋺	20000	専従者控除	⑳	860000
水道光熱費	㋩	150000	所得金額（⑲－⑳）	㉑	4814168

○給料賃金の内訳

氏名（年齢）	従事月数	給料賃金	賞与	合計	所得税及び復興特別所得税の源泉徴収税額
（歳）					
（歳）					
（歳）					
その他（人分）					
計 延べ従事月数				⑪	

○税理士・弁護士等の報酬・料金の内訳

支払先の住所・氏名	本年中の報酬等の金額	左のうち必要経費算入額	所得税及び復興特別所得税の源泉徴収税額
	円	円	円

○事業専従者の氏名等※

氏名（年齢）	続柄	従事月数
江戸川橋花子（31歳）	配偶者	12
（歳）		
（歳）		
	延べ従事月数	12

※ 雑所得の金額の計算において、事業専従者控除を受けることはできません。

【税務署整理欄】

－1－

白色申告の「収支内訳書」の記入例……………………2枚目

FA7051

整理番号

○売上（収入）金額の明細　※ 登録番号を記載する場合には、先頭に「T」を付けた上で13桁の数字を記入してください。

（令和五年分以降用）

売上先名	所在地	登録番号（法人番号）（※）	売上（収入）金額
株式会社○○出版	新宿区市谷123-456	T0000000000000	4,000,000円
株式会社△△社	豊島区東池袋987-654	T△△△△△△△△△△△△△	3,000,000
有限会社□□書店	港区赤坂777-222	T□□□□□□□□□□□□□	1,200,000
株式会社××プロダクション	目黒区駒場333-666	T××××××××××××××	800,000
上記以外の売上先の計			
右記①のうち軽減税率対象　うち　円		計	① 9,000,000

○仕入金額の明細

仕入先名	所在地	登録番号（法人番号）（※）	仕入金額
			円
上記以外の仕入先の計			
右記⑥のうち軽減税率対象　うち　円		計	⑥

○本年中における特殊事情

今年から遠方の取材が増えたので車を購入した。経費割合は長距離取材が多いので80%とした。

○減価償却費の計算

減価償却資産の名称等（繰延資産を含む）	面積又は数量	取得年月	㋑取得価額（償却保証額）	㋺償却の基礎になる金額	償却方法	耐用年数	㋩償却率又は改定償却率	㋥本年中の償却期間	㋭本年分の普通償却費（㋺×㋩×㋥）	㋬特別償却費	㋣本年分の償却費合計（㋭＋㋬）	㋠事業専用割合	㋷本年分の必要経費算入額（㋣×㋠）	㋦未償却残高（期末残高）	摘要
パソコン	1台	令6.1	（300,000）円	300,00円	定額法	4年	0.250	12/12月	75,000円	円	75,000円	100.0	75,000円	225,000円	
車	1台	令6.5	2,000,000	2,000,000	定額法	6	0.167	8/12	222,666		222,666	80.0	178,132	1,777,334	
応接セット		令6.10	（250,000）	250,000	定額法	5	0.200	3/12	12,500		12,500	100.0	12,500	237,500	
		·	（　）					/12							
		·	（　）					/12							
		·	（　）					/12							
計									310,166		310,166		⑬ 265,632	2,239,834	

（注）平成19年4月1日以後に取得した減価償却資産について定率法を採用する場合にのみ㋑欄のカッコ内に償却保証額を記入します。

○利子割引料の内訳（金融機関を除く）

支払先の住所・氏名	期末現在の借入金等の金額	本年中の利子割引料	左のうち必要経費算入額
東京都新宿区○○ 江戸川橋 小次郎	5,000,000円	50,000円	50,000円

○地代家賃の内訳

支払先の住所・氏名	賃借物件	本年中の賃借料・権利金等	左の賃借料のうち必要経費算入額
東京都千代田区○○ 石切不動産	事務所	権更　円 賃 2,400,000	800,000円
		権更 賃	

－2－

❶ 「売上（収入）金額の明細」に支払元を記入。「売上（収入）金額の計」は1枚目の①と一致。

❷ 特別な支出があった場合などに税務署への伝達事項を記入。

❸ 10万円以上の減価償却資産を記入。一括償却資産も記入。償却の基礎になる金額は、定額法の場合は取得価額と同額。耐用年数を記入。仕事とプライベートを兼用する場合は、仕事の割合を「㋠事業専用割合」に記入する。「㋷本年分の必要経費算入額⑬」の合計額は1枚目の「減価償却費⑬」と一致。

❹ 知人、会社からの借入がある場合は、利子割引料の内訳を記入。

❺ 事務所などの賃貸料の支払合計額を記入。自宅兼事務所の場合は経費算入額を按分して記入。

一括償却資産の記入例

減価償却資産の名称等（繰延資産を含む）	面積又は数量	取得年月	㋑取得価額（償却保証額）	㋺償却の基礎になる金額	償却方法	耐用年数	㋩償却率又は改定償却率	㋥本年中の償却期間	㋭本年分の普通償却費（㋺×㋩×㋥）	㋬特別償却費	㋣本年分の償却費合計（㋭＋㋬）	㋠事業専用割合	㋷本年分の必要経費算入額（㋣×㋠）	㋦未償却残高（期末残高）	摘要
一括償却資産		令6.1	（180,000）円	180,000円		年	1/3	/12月	60,000円	円	60,000円	100.0%	60,000円	120,000円	パソコン
		·	（　）					/12							

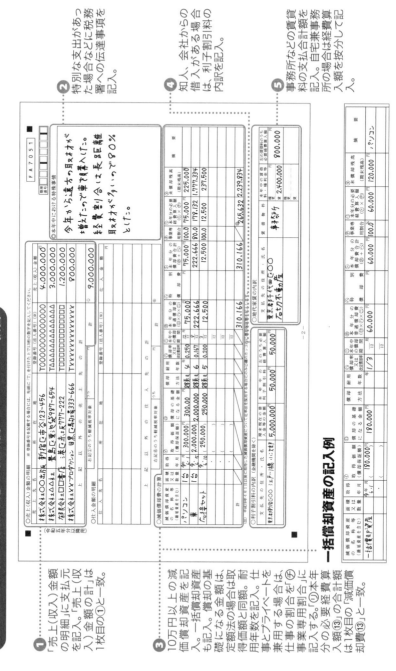

令和６年一度限りの「定額減税」

令和６年の「定額減税」は、所得金額1,805万円以下であれば誰でも受けられるもので、所得税３万円、住民税１万円の合計４万円が減税されます。

扶養している配偶者や扶養親族がいる場合は、それぞれ１人につき同額の減税が行われます。たとえば配偶者と子ども１人を扶養している人なら、４万円の３人分で合計12万円の減税が受けられます。

納税額が少ない人で、減税額が納税額を上回ってしまう場合は、減税し残した額を１万円単位で切り上げて給付金が支給されます。たとえば、配偶者と子ども１人を扶養していて、所得税、住民税合わせて10万4000円の納税をしている人なら、減税し残しが１万6000円になりますので、１万円未満を切り上げて２万円が給付金として支給されます。

個人事業主、フリーランサーは、所得税については令和６年分の確定申告（令和７年１月以降に申告するもの）の際に、減税分が減額されます。特別な手続きは必要なく、通常通り税務署に確定申告書を提出すればOKです。

所得税の予定納税をしている人は、予定納税分から減額されます。また、住民税については令和６年分の納付分から減税分が減額されます。

「予定納税」とは？

「予定納税」とは、前年の所得税額が15万円以上の人は、今年予測される所得税の $\frac{2}{3}$ を、（翌年、確定申告する前の）今年中に納付しなければならない制度です。第１期（７月末）、第２期（11月末）の２期に分けて、それぞれ所得税額の $\frac{1}{3}$ ずつを納付します。

今年予測される所得税というのは、原則として前年の所得税額になりますが、「今年は明らかに所得が下がる」ような場合には減額の申告ができます。また扶養親族がいる人は、予定納税からその分の定額減税を受けられますが、これも減額の申告が必要です。もし予定納税で減額し忘れても、確定申告で減額することができます。詳細は税務署にお尋ねください。

「確定申告書　第一表」の記入例

❷
住所、個人番号(マイナンバー)、氏名、電話番号、職業、屋号などを記入。記入した「住所、または事業所、事務所、居所」を管轄する税務署に申告書を提出。

❶
提出先の税務署名、提出する日付、申告年度を記入する。「申告書」の前に「確定」と記入。

❸
青色申告をする場合は「青色」に○をする。

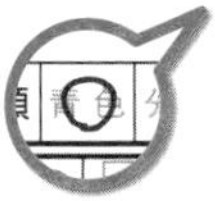

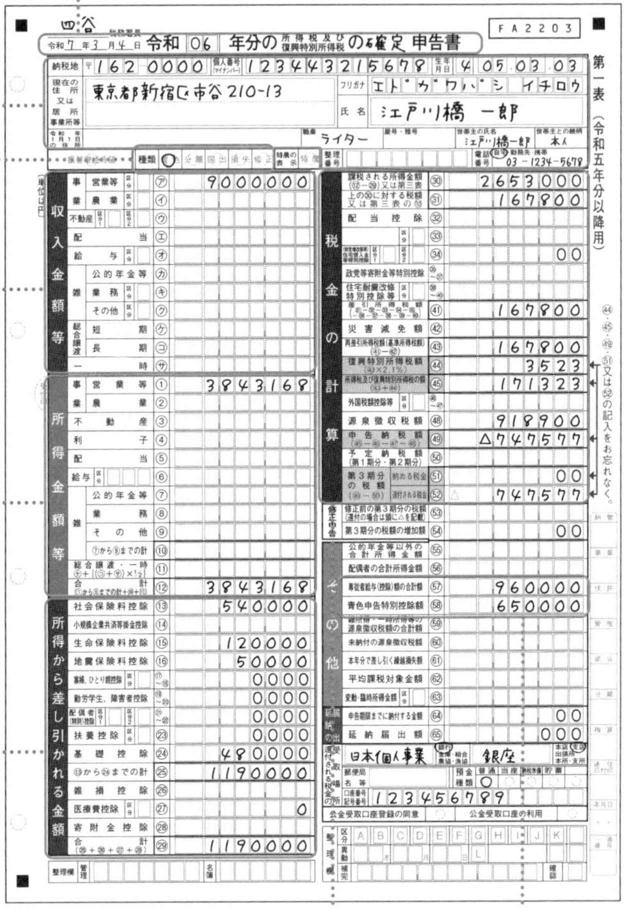

❹
個人事業主、フリーランサーが1年間に稼いだ「収入」を記入。源泉徴収前の事業の売上額を記入する。その他の収入がある場合は該当欄に記入。

❺
所得金額を記入する。所得金額は青色申告決算書1枚目の「所得金額㊺」と一致する。「事業」の「営業等①」に事業で得た金額を記入する。その他の収入がある場合は該当欄に記入する。①から⑥の合計額に⑩と⑪を足した額を⑫に記入。

❻
所得控除額を記入する。「社会保険料控除⑬」「小規模企業共済等掛金控除⑭」「医療費控除㉗」などを記入。「基礎控除㉔」の記入も忘れないようにする。合計額を㉙に記入する。

❼
⑫から㉙を引いた金額を㉚に記入(「課税される所得金額」)。㉜から㊵に税額控除を記入。

❽
「その他」の「専従者給与(控除)額の合計額(57)」に給与額を記入。「青色申告特別控除額(58)」に「65万円」か「55万円」か「10万円」を記入する。

「確定申告書　第二表」の記入例

❶ 住所、氏名などを記入。「申告書」の前に「確定」と記入。

❷ 収入金額と源泉徴収税額を記入する。支払者の名称欄は請求書や支払調書を見て記入。

❸ 総合課税の譲渡所得、一時所得がある場合に記入。

❹ 所得から引かれる所得控除（「社会保険料控除」「小規模企業共済等掛金控除」「生命保険料控除」「雑損控除」など）を記入。第一表⑬から㉘と一致する。

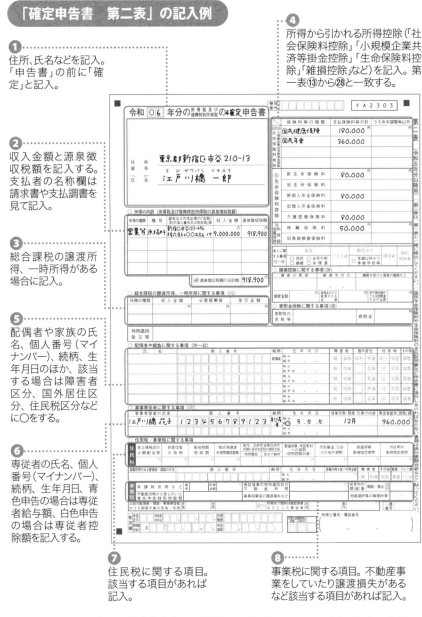

❺ 配偶者や家族の氏名、個人番号（マイナンバー）、続柄、生年月日のほか、該当する場合は障害者区分、国外居住区分、住民税区分などに○をする。

❻ 専従者の氏名、個人番号（マイナンバー）、続柄、生年月日、青色申告の場合は専従者給与額、白色申告の場合は専従者控除額を記入する。

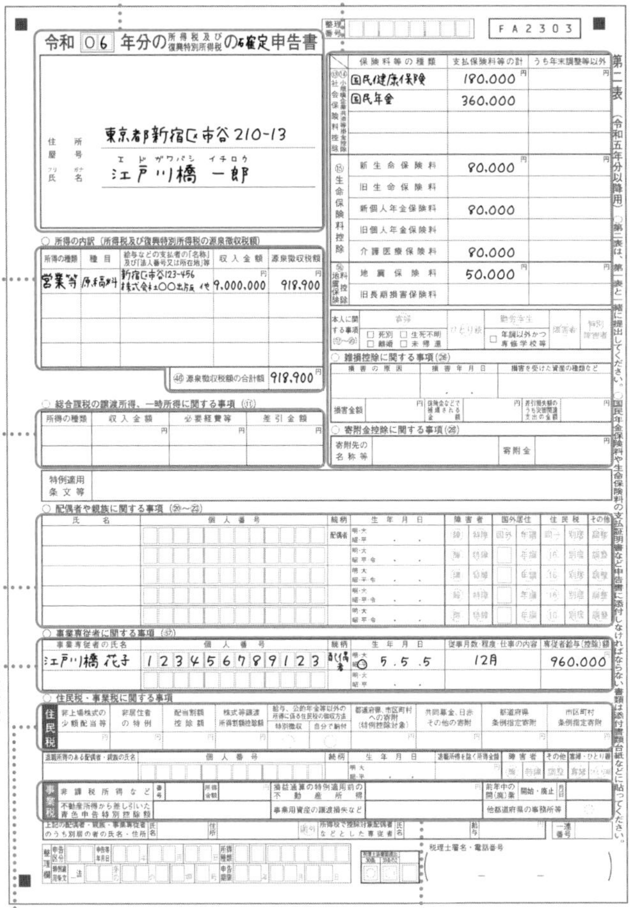

❼ 住民税に関する項目。該当する項目があれば記入。

❽ 事業税に関する項目。不動産事業をしていたり譲渡損失があるなど該当する項目があれば記入。

執筆時点では令和6年分の確定申告書が公開されていないため、ここでは令和5年分の確定申告書を掲載しています。国税庁に問い合わせたところ、「令和6年分の申告書には、おそらく定額減税の記入欄が設けられるだろう」という回答がありました。定額減税に関する記入を忘れないようにしてください。

索引

さ行

索引

た行

著者紹介

大村　大次郎（おおむら・おおじろう）

1960年生まれ、大阪府出身。元国税調査官。
国税局、税務署で10年間、主に法人税担当調査官として勤務。退職後、経営コンサルタント、フリーライターとなる。
難しい税金をわかりやすく、面白く語る専門家として定評があり、お金で歴史を読み解く本も好評を得ている。執筆活動のほか、テレビ朝日ドラマ「ナサケの女」の監修など幅広く活動。
主な著書に『あらゆる領収書は経費で落とせる』（中公新書ラクレ）、『会社の税金 元国税調査官のウラ技　増補改訂版』『税金の表と裏の教科書』（技術評論社）、『教養として知っておきたい33の経済理論』（彩図社）、『宗教とお金の世界史』『消費税という巨大権益』（ビジネス社）、『脱税の世界史』（宝島社）など多数。

フリーランス＆個人事業主
確定申告でお金を残す！
元国税調査官のウラ技 第11版

2014年11月10日　初版　第1刷発行
2024年10月12日　第11版　第1刷発行

著　者　大村 大次郎
発行者　片岡 巌
発行所　株式会社技術評論社
東京都新宿区市谷左内町21-13
電話　03-3513-6150　販売促進部
03-3513-6185　書籍編集部
印刷／製本　日経印刷株式会社

ISBN978-4-297-14377-0 C2034
Printed in Japan

編集協力……………………加藤浩志
（加藤浩志公認会計士・税理士事務所）
カバーデザイン…………bookwall
カバーイラスト…………526
本文デザイン+レイアウト……矢野のり子＋島津デザイン事務所
マンガ・本文イラスト……中山成子

お問い合わせについて

本書の運用は、ご自身の判断でなさるようお願いいたします。本書の情報に基づいて被ったいかなる損害についても、筆者および技術評論社は一切の責任を負いません。
本書の内容に関するご質問は、弊社ウェブサイトのお問い合わせフォームからお送りください。そのほか封書もしくはFAXでもお受けしております。
本書の内容を超えるものや、個別の税務相談、事業コンサルティングに類するご質問にはお答えすることができません。あらかじめご了承ください。

〒162-0846
東京都新宿区市谷左内町21-13
（株）技術評論社　書籍編集部
『確定申告でお金を残す！
元国税調査官のウラ技 第11版』質問係
Web　https://gihyo.jp/book/2024/978-4-297-14377-0
FAX　03-3513-6181

なお、訂正情報が確認された場合には、https://gihyo.jp/book/2024/978-4-297-14377-0/support に掲載します。